스펙 쌓기 경쟁은 과열되고 취업의 벽은 점점 높아지는데…
NCS까지 대비하기에는 시간이 턱없이 부족하시죠?
그래서 야심차게 준비한 시스컴만의
NCS 3일 벼락치기 시리즈!

태블릿 PC나 좀 큰 스마트폰과 유사한 그립감을 주는
작은 크기와 얇은 두께로 휴대성을 살렸지만
꽉 찬 구성으로, 효율성은 UP! 공부 시간은 DOWN!

3일의 투자로 최고의 결과를 노리는
3일 벼락치기 NCS 직업기초능력평가 8권 시리즈

3일

벼락
치기

타임 NCS 연구소

NCS
한국철도공사
(코레일)

3일 벼락치기 NCS 한국철도공사(코레일)

인쇄일 2018년 8월 15일 초판 1쇄 인쇄
발행일 2018년 8월 20일 초판 1쇄 발행
지은이 타임 NCS 연구소
발행인 송인식
발행처 시스컴 출판사
등 록 제17-269호
판 권 시스컴2018

ISBN 979-11-6215-189-1 13320
정 가 10,000원

주소 서울시 양천구 목동동로 233-1, 1007호(목동, 드림타워) | **홈페이지** www.siscom.co.kr
E-mail master@siscom.co.kr | **전화** 02)866-9311 | Fax 02)866-9312

발간 이후 발견된 정오 사항은 시스컴 홈페이지 도서 정오표에서 알려드립니다(시스컴 홈페이지→학습 자료실→도서 정오표).

머리말

 NCS(국가직무능력표준, 이하 NCS)는 현장에서 직무를 수행하기 위해 요구되는 능력을 국가적 차원에서 표준화한 것으로 2015년부터 공공기관을 중심으로 본격적으로 실시되었습니다. NCS는 2016~2018년까지 산하기관을 포함한 약 600여 개의 공공기관으로 확대 실시되고, 이중 필기시험은 직업기초능력을 평가합니다.

 NCS는 기존의 스펙위주의 채용과정을 줄이고자 실제로 직무에 필요한 능력을 위주로 평가하여 인재를 채용하겠다는 국가적 방침입니다. 기존의 공사 · 공단 등의 적성검사는 NCS 취지가 반영된 형태로 변하고 있기 때문에 변화하는 양상에 맞추어 시험을 준비해야 합니다.

 필기시험을 내용으로 대체되는 직업기초능력은 총 10개 과목으로 출제기관마다 이중에서 대략 5~6개의 과목을 선택하고 시험을 치루며 주로 의사소통능력, 수리 능력, 문제해결능력을 선택합니다.

 본서는 공사 · 공단 대비 수험서로, 직업기초능력을 NCS 공식 홈페이지의 자료를 연구하여 필요한 이론을 요약 정리하여 수록하였고, 실전 모의고사를 통해 학습자의 실력을 스스로 확인해 볼 수 있게 준비하였습니다.

 예비 공사 · 공단인들에게 아름다운 합격이 함께하길 기원하겠습니다.

타임 NCS 연구소

NCS 안내

1 NCS(기초직업능력평가)란 무엇인가?

1. 표준의 개념

국가직무능력표준(NCS, national competency standards)은 산업현장에서 직무를 수행하기 위해 요구되는 지식 · 기술 소양 등의 내용을 국가가 산업부문별 수준별로 체계화한 것으로 산업현장의 직무를 성공적으로 수행하기 위해 필요한 능력(지식, 기술, 태도)을 국가적 차원에서 표준화한 것을 의미합니다.

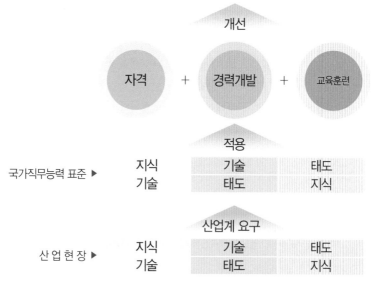

〈국가직무능력표준 개념도〉

2. 표준의 특성

| 한 사람의 근로자가 해당 직업 내에서 소관 업무를 성공적으로 수행하기 위하여 요구되는 실제적인 수행 능력을 의미합니다.

- 직무수행능력 평가를 위한 최종 결과의 내용 반영
- 최종 결과는 '무엇을 하여야 한다' 보다는 '무엇을 할 수 있다'는 형식으로 제시

| 해당 직무를 수행하기 위한 모든 종류의 수행능력을 포괄하여 제시합니다.

- 직업능력 : 특정업무를 수행하기 위해 요구되는 능력
- 직업관리 능력 : 다양한 다른 직업을 계획하고 조직화하는 능력
- 돌발상황 대처능력 : 일상적인 업무가 마비되거나 예상치 못한 일이 발생했을 때 대처하는 능력
- 미래지향적 능력 : 해당 산업관련 기술적 및 환경적 변화를 예측하여 상황에 대처하는 능력

| 모듈(Module)형태의 구성

- 한 직업 내에서 근로자가 수행하는 개별 역할인 직무능력을 능력단위(unit)화 하여 개발
- 국가직무능력표준은 여러 개의 능력단위 집합으로 구성

| 산업계 단체가 주도적으로 참여하여 개발

- 해당분야 산업별인적자원개발협의체(SC), 관련 단체 등이 참여하여 국가직무능력표준 개발

- 산업현장에서 우수한 성과를 내고 있는 근로자 또는 전문가가 국가직무능
  력표준 개발 단계마다 참여

3. 표준의 활용 영역

- 국가직무능력표준은 산업현장의 직무수요를 체계적으로 분석하여 제시함
  으로써 '일-교육·훈련-자격'을 연결하는 고리 즉 인적자원개발의 핵심 토
  대로 기능

기업체
경력개발경로, 직무기술서
채용배치승진체크리스트
자가진단도구

NCS

교육훈련기관
교육훈련과정, 훈련기준
모듈교재 개발

자격기관
출제기준, 검정문항
검정방법, 자격종목개편

직무분석

산업현장(일)

〈국가직무능력표준의 기능〉

- 국가직무능력표준은교육훈련기관의 교육훈련과정, 직업능력개발 훈련기준 및 교재 개발 등에 활용되어 산업수요 맞춤형 인력양성에 기여합니다. 또한, 흔로자를 대상으로 경력개발경로 개발, 직무기술서, 채용·배치·승진 체크리스트, 자가진단도구로 활용 가능합니다.
- 한국산업인력공단에서는 국가직무능력표준을 활용하여 교육훈련과정, 훈련기준, 자격종목 설계, 출제기준 등 제·개정시 활용합니다.
- 한국직업능력개발원에서는 국가직무능력표준을 활용하여 전문대학 및 마이스터고·특성화고 교과과정을 개편합니다.

② NCS 구성

능력단위

- 직무는 국가직무능력표준 분류체계의 세분류를 의미하고, 원칙상 세분류 단위에서 표준이 개발 됩니다.
- 능력단위는 국가직무능력표준 분류체계의 하위단위로서 국가직무능력표준 의 기본 구성요소에 해당 됩니다.

〈국가직무능력표준 능력단위 구성〉

- 능력단위는 능력단위분류번호, 능력단위정의, 능력단위요소(수행준거, 지식·기술·태도), 적용범위 및 작업상황, 평가지침, 직업기초능력으로 구성

구성항목	내 용
1. 능력단위 분류번호(Competency unit code)	– 능력단위를 구분하기 위하여 부여되는 일련번호로서 14자리로 표현
2. 능력단위명칭(Competency unit title)	– 능력단위의 명칭을 기입한 것
3. 능력단위정의(Competency unit description)	– 능력단위의 목적, 업무수행 및 활용범위를 개략적으로 기술
4. 능력단위요소(Competency unit element)	– 능력단위를 구성하는 중요한 핵심 하위능력을 기술
5. 수행준거(performance criteria)	– 능력단위요소별로 성취여부를 판단하기 위하여 개인이 도달해야 하는 수행의 기준을 제시
6. 지식 · 기술 · 태도(KSA)	– 능력단위요소를 수행하는 데 필요한 지식 · 기술 · 태도
7. 적용범위 및 작업상황(range of variable)	– 능력단위를 수행하는데 있어 관련되는 범위와 물리적 혹은 환경적 조건 – 능력단위를 수행하는 데 있어 관련되는 자료, 서류, 장비, 도구, 재료
8. 평가지침(guide of assessment)	– 능력단위의 성취여부를 평가하는 방법과 평가시 고려되어야 할 사항
9. 직업기초능력(key competency)	– 능력단위별로 업무 수행을 위해 기본적으로 갖추어야할 직업능력

구성과 특징

핵심이론

NCS 직업기초능력평가를 준
비하기 위해 각 기업이 선택
한 영역에 대한 핵심이론을
요약하여 수록하였다.

기출유형문제

최신 출제 경향을 최대 반영
한 실전모의고사 형태의 대
표유형 문제들을 수록하여
학습을 마무리한 후 최종점
검을 할 수 있도록 하였다.

정답 및 해설

이론을 따로 참고하지 않아
도 명쾌하게 이해할 수 있도
록 상세한 설명과 오답해설
을 함께 수록하여 학습한 내
용을 체크하고 시험에 완벽
히 대비할 수 있도록 하였다.

차 례

1DAY 이론

의사소통능력 ···································· 18

수리능력 ······································· 29

문제해결능력 ···································· 39

2DAY 직업기초능력평가 1회 ············· 48

3DAY 직업기초능력평가 2회 ·············· 118
(영역 통합형 – 의사소통능력 / 수리능력 / 문제해결
능력)

부록

공공기관 ·· 174

인성검사 ·· 179

면접 ··· 189

1 미션

사람 · 세상 · 미래를 잇는 대한민국 철도
안전하고 편리한 철도 서비스 제공으로 국민행복 증진과 사회적 책임을 강화
하고 남북 대륙철도 연결과 미래 성장동력을 확보하여 철도중심의 생활문화
조성

2 비전

대한민국의 내일, 국민의 코레일
우리가 추구하는 사람과 세상인, "대한민국"
남북으로 뻗어가는 통일철도와 미래 발전방향인, "내일(來日)"
공기업으로서 코레일이 추구하는 사회적 가치 지향점인, "국민"
대한민국의 철도를 이끌어 나가는 대표기관, "코레일"

3 핵심가치

• 안전 : 안전은 국민을 위한 최고의 서비스이자 핵심가치로서, 첨단 기술력
을 기반으로 국민이 안심하는 안전한 철도 구현
• 고객 : 고객의 마음으로 고객이 만족하는 그 이상의 가치를 제공하여 가치
중심의 고객서비스 실현
• 소통 : 소통과 공감의 상생적 노사관계를 정착시켜 함께 성장할 수 있는 기
업문화 혁신

4 채용절차

서류검증 - 필기시험(2배수)(NCS 직무능력) - 면접시험 및 인성역량(필기)
- 철도적성검사 신체검사 - 신입사원 교육 - 정규직 채용

※ 서류검증에서 어학, 학교성적 등에 대한 평가는 시행하지 않고, 지원 자격 및 제출 서류에 대한 적격여부를 확인하여 합격자 결정
※ 인턴쉽은 시행하지 않으며, 정규직으로 임용

5 지원자격

- 공사 채용 결격사유에 해당하지 않는 자
- 즉시 근무가 가능한 자
- 남성의 경우 군필 또는 면제자에 한함(입사지원서 마감일 기준)
- 만 18세 미만자 및 정년(만 60세)초과자는 지원할 수 없음
- IT분야 지원은 전산학과, 컴퓨터학과, 정보통신학과 등 IT분야 관련학과 졸업자에 한함(수료자 및 졸업 예정자는 지원불가)

※ 2년제 또는 4년제 대학을 졸업하여 학위를 취득한 자로 졸업증명서로 확인
※ 지원가능학과 검증 시 복수전공은 인정되나 부전공은 제외됨

6 우대사항

- 국가유공자등 예우 및 지원에 관한 법률에 의한 취업지원대상자(5점, 10점)
- 장애인 고용 촉진 및 직업재활법에서 정한 장애인(5점)
- 공통직무 및 해당직무의 기능사 이상 자격증 소지자(총 2개)

7 필기시험

- 필기시험 결과 고득점자 순 선발인원의 2배수 합격
- 직무능력 50문항(60분)을 평가하기 위한 필기시험 실행

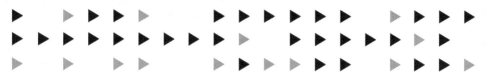

※ NCS 직무능력(의사소통능력, 수리능력, 문제해결능력)
※ 서류검증 적격자에 대해 샘플문제 공개 예정
※ 필기시험 문항 수는 필기시험 문제 출제 사정에 따라 변경될 수 있음
• 필기시험 합격자에 한해 면접시험 일시 및 장소 별도 통보

8 면접시험

• 면접시험 : 코레일 신입사원으로서 자세, 열정 및 마인드, 직무능력 등을
종합평가
• 인성역량검사 : 인성, 성격적 특성에 대한 검사(필기)
• 실기시험 : 사무영업 수송담당 분야에 한하여 시행하며 실기시험과 면접시
험, 인성역량검사를 종합하여 최종합격자 결정

9 기타 유의사항

• 신입사원 입사지원서는 사실대로 작성하여야 하며, 허위내용 또는 허위서류
제출 등 임용 결격사유가 발견될 경우 언제든지 합격 또는 임용을 취소할
수 있습니다. 또한 향후 5년간 한국철도공사 채용에 지원할 수 없습니다.
• 채용과정상 부정행위자에 대해서는 당해 시험을 정지 또는 무효로 하고, 합
격 또는 임용을 취소하며 향후 5년간 한국철도공사 채용에 지원할 수 없습
니다.
• 지원자는 권역별 및 경쟁직무에 복수 지원할 수 없으며, 복수 지원이 확인
된 지원자는 자동 불합격 처리 됩니다.
• 지원자 및 단계별 합격자는 우리공사 홈페이지를 통해 공고되는 내용을 정
확히 숙지하여야 하며, 이를 준수하지 않아 발생하는 불이익에 대해 한국철
도공사는 책임지지 않습니다.
※ 자세한 사항은 당사 홈페이지를 참조하시기 바랍니다.

1DAY

한국철도공사 직업기초능력평가

한국철도공사 직업기초능력평가

의사소통능력

1. 의사소통능력

(1) 의사소통 능력이란?

① 두 사람 또는 그 이상의 사람들 사이에서 일어나는 의사 전달 및 상호 교류를 의미하며, 어떤 개인 또는 집단에게 정보 · 감정 · 사상 · 의견 등을 전달하고 받아들이는 과정을 의미 한다.

② 한사람이 일방적으로 상대방에게 메시지를 전달하는 과정이 아니라 상대방과의 상호작용을 통해 메시지를 다루는 과정이므로, 성공적인 의사소통을 위해서는 자신이 가진 정보와 의견을 상대방이 이해하기 쉽게 표현해야 할 뿐 아니라 상대방이 어떻게 받아들일 것인가에 대해서도 고려해야 한다.

③ **의사소통의 기능** : 조직과 팀의 효율성과 효과성을 성취할 목적으로 이루어지는 정보 및 지식의 전달 과정으로써, 여러 사람의 노력으로 공동의 목표를 추구해 나가는 집단의 기본적인 존재 기반이자 성과를 결정하는 핵심 기능을 한다.

④ **의사소통의 중요성** : 제각기 다른 사람들의 시각 차이를 좁혀주며, 선입견을 줄이거나 제거해 주는 수단이다.

(2) 의사소통능력의 종류

① **문서적인 측면**

㉠ **문서이해능력** : 업무에 관련된 문서를 통해 구체적인 정보를 획득 · 수집 · 종합하는 능력

       ⓒ **문서작성능력** : 상황과 목적에 적합한 문서를 시각적 · 효과적으로 작성하는 능력

  ② **언어적인 측면**

       ㉠ **경청능력** : 원활한 의사소통의 방법으로, 상대방의 이야기를 듣고 의미를 파악하는 능력

       ⓒ **의사표현력** : 자신의 의사를 상황과 목적에 맞게 설득력을 가지고 표현하는 능력

(3) 바람직한 의사소통을 저해하는 요인

  ① '일방적으로 말하고', '일방적으로 듣는' 무책임한 마음

    → 의사소통 기법의 미숙, 표현 능력의 부족, 이해 능력의 부족

  ② '전달했는데', '아는 줄 알았는데'라고 착각하는 마음

    → 평가적이며 판단적인 태도, 잠재적 의도

  ③ '말하지 않아도 아는 문화'에 안주하는 마음

    → 과거의 경험, 선입견과 고정관념

(4) 의사소통능력 개발

  ① 사후검토와 피드백 활용

  ② 언어의 단순화

  ③ 적극적인 경청

  ④ 감정의 억제

(5) 인상적인 의사소통

  ① 인상적인 의사소통이란, 의사소통 과정에서 상대방에게 같은 내용을 전달한다고 해도 이야기를 새롭게 부각시켜 좋은 인상을 주는 것이다.

  ② 상대방이 '과연'하며 감탄하도록 내용을 전달하는 것이다.

  ③ 자신에게 익숙한 말이나 표현만을 고집스레 사용하면 전달하고자 하는 이야기의 내용에 신선함과 풍부함, 또는 맛깔스러움이 떨어져 의

사소통에 집중하기가 어렵다. 상대방의 마음을 끌어당길 수 있는 표현법을 많이 익히고 이를 활용해야 한다.

④ 자신을 인상적으로 전달하려면, 선물 포장처럼 자신의 의견도 적절히 꾸미고 포장할 수 있어야 한다.

2. 문서이해능력

(1) 문서이해능력이란?

① 작업현장에서 자신의 업무와 관련된 인쇄물이나 기호화된 정보 등 필요한 문서를 확인하여 문서를 읽고, 내용을 이해하여 요점을 파악하는 능력이다.

② 문서에서 주어진 문장이나 정보를 읽고 이해하여 자신에게 필요한 행동이 무엇인지 추론할 수 있어야 하며 도표, 수, 기호 등도 이해하고 표현할 수 있는 능력을 의미한다.

(2) 문서의 종류와 용도

① **공문서** : 정부 행정기관에서 대내외적 공무를 집행하기 위해 작성하는 문서

② **기획서** : 적극적으로 아이디어를 내고 기획해 하나의 프로젝트를 문서 형태로 만들어, 상대방에게 기획의 내용을 전달하고 기획을 시행하도록 설득하는 문서

③ **기안서** : 회사의 업무에 대한 협조를 구하거나 의견을 전달할 때 작성하며 흔히 사내 공문서로 불림

④ **보고서** : 특정한 일에 관한 현황이나 그 진행 상황 또는 연구 · 검토 결과 등을 보고할 때 작성하는 문서

⑤ **설명서** : 상품의 특성이나 사물의 성질과 가치, 작동 방법이나 과정을 소비자에게 설명하는 것을 목적으로 작성하는 문서

⑥ **보도자료** : 정부 기관이나 기업체, 각종 단체 등이 언론을 상대로 자신들의 정보가 기사로 보도되도록 하기 위해 보내는 자료

⑦ **자기소개서** : 개인의 가정환경과 성장과정, 입사 동기와 근무자세 등을 구체적으로 기술하여 자신을 소개하는 문서

⑧ **비즈니스 레터(E-mail)** : 사업상의 이유로 고객이나 단체에 편지를 쓰는 것이며, 직장 업무나 개인 간의 연락, 직접 방문하기 어려운 고객 관리 등을 위해 사용되는 문서이나, 제안서나 보고서 등 공식적인 문서를 전달하는 데도 사용된다.

⑨ **비즈니스 메모** : 업무상 필요한 중요한 일이나 앞으로 체크해야 할 일이 있을 때 필요한 내용을 메모 형식으로 작성하여 전달하는 글이다.

(3) 문서 이해의 구체적 절차

① 문서의 목적 이해하기

② 문서가 작성된 배경과 주제 파악하기

③ 문서에 쓰여진 정보를 밝혀내고 문제가 제시하고 있는 현안문제 파악하기

④ 문서를 통해 상대방의 욕구와 의도 및 나에게 요구하는 행동에 관한 내용 분석하기

⑤ 문서에서 이해한 목적 달성을 위해 취해야 할 행동을 생각하고 결정하기

⑥ 상대방의 의도를 도표나 그림 등으로 메모하여 요약 · 정리해보기

(4) 문서이해를 위해 필요한 사항

① 각 문서에서 꼭 알아야 하는 중요한 내용만을 골라 필요한 정보를 획득하고 수집, 종합하는 능력

② 다양한 종류의 문서를 읽고, 구체적인 절차에 따라 이해하고 정리하는 습관을 들여 문서이해능력과 내용종합능력을 키워나가는 노력

③ 책이나 업무에 관련된 문서를 읽고, 나만의 방식으로 소화하여 작성할 수 있는 능력

3. 문서작성능력

(1) 문서작성능력이란?

① 직업생활에서 목적과 상황에 적합한 아이디어나 정보를 전달할 수 있도록 문서를 작성할 수 있는 능력이다.

② 문서작성을 할 때에는 문서를 왜 작성해야 하며, 문서를 통해 무엇을 전달하고자 하는지를 명확히 한 후에 작성해야 한다.

③ 문서작성 시에는 대상, 목적, 시기, 기대효과(기획서나 제안서 등의 경우)가 포함되어야 한다.

④ 문서작성의 구성요소

㉠ 품위 있고 짜임새 있는 골격

㉡ 객관적이고 논리적이며 체계적인 내용

㉢ 이해하기 쉬운 구조

㉣ 명료하고 설득력 있는 구체적인 문장

㉤ 세련되고 인상적이며 효과적인 배치

(2) 종류에 따른 문서작성법

공문서	• 누가, 언제, 어디서, 무엇을 어떻게(왜)가 정확하게 드러나야 한다. • 날짜 작성 시 연도와 월일을 함께 기입하며 날짜 다음에 괄호를 사용할 경우에는 마침표를 찍지 않는다. • 내용은 한 장에 담아내는 것이 원칙이다. • 마지막에는 반드시 '끝'자로 마무리 한다. • 복잡한 내용은 항목 별로 구분한다.('-다음-' 또는 '-아래-') • 대외문서이고 장기간 보관되는 문서이므로 정확하게 기술한다.
설명서	• 명령문보다는 평서형으로 작성한다. • 정확하고 간결하게 작성한다. • 소비자들이 이해하기 어려운 전문용어는 가급적 사용을 삼간다. • 복잡한 내용은 도표를 통해 시각화하여 이해도를 높인다. • 동일한 문장 반복을 피하고 다양하게 표현하는 것이 좋다.

기획서	• 핵심 사항을 정확하게 기입하고, 내용의 표현에 신경 써야 한다. • 상대방이 요구하는 것이 무엇인지 고려하여 작성한다. • 내용이 한눈에 파악되도록 체계적으로 목차를 구성한다. • 효과적인 내용전달을 위해 표나 그래프 등의 시각적 요소를 활용한다. • 충분히 검토를 한 후 제출하도록 한다. • 인용한 자료의 출처가 정확한지 확인한다.
보고서	• 진행과정에 대한 핵심내용을 구체적으로 제시한다. • 내용의 중복을 피하고 핵심사항만 간결하게 작성한다. • 참고자료는 정확하게 제시한다. • 내용에 대한 예상 질문을 사전에 추출해보고, 그에 대한 답을 미리 준비한다.

(3) 문서작성의 원칙

① 문장은 짧고 간결하게 작성한다.

② 상대방이 이해하기 쉽게 쓴다.

③ 한자의 사용은 자제한다.

④ 긍정문으로 작성한다.

⑤ 간단한 표제를 붙인다.

⑥ 문서의 주요한 내용을 먼저 쓴다.

(4) 문서작성 시 주의사항

① 육하원칙에 의해서 써야 한다.

② 문서의 작성시기가 중요하다.

③ 하나의 사항을 한 장의 용지에 작성해야 한다.

④ 문서작성 후 반드시 내용을 검토해야 한다.

⑤ 첨부자료는 반드시 필요한 자료 외에는 첨부하지 않는다.

⑥ 문서내용 중 금액, 수향, 일자 등의 기재에 정확성을 기해야 한다.

⑦ 문장표현은 작성자의 성의가 담기도록 경어나 단어 사용에 신경을 써야 한다.

(5) 문서표현의 시각화

① **차트 표현** : 개념이나 주제 등을 나타내는 문장표현이나 통계적 수치 등을 한눈에 알아볼 수 있게 표현하는 것이다.

② **데이터 표현** : 수치를 표로 나타내는 것이다.

③ **이미지 표현** : 전달하고자 하는 내용을 그림이나 사진 등으로 나타내는 것이다.

④ **문서를 시각화 하는 포인트**

㉠ 보기 쉬워야 한다.

㉡ 이해하기 쉬워야 한다.

㉢ 다채롭게 표현되어야 한다.

㉣ 숫자를 그래프로 표시한다.

4. 경청능력

(1) 경청능력이란?

① 다른 사람의 말을 주의 깊게 듣고 공감하는 능력으로, 대화의 과정에서 신뢰를 쌓을 수 있는 최고의 방법이다. 경청할 때 상대방은 안도감을 느끼고, 무의식적인 믿음을 갖게 된다.

② 경청을 함으로써 상대방을 한 개인으로 존중하게 되고, 성실한 마음으로 대하게 된다. 또한 상대방의 입장을 공감하고 이해하게 된다.

(2) 올바른 경청의 방해요인

① **짐작하기** : 상대방의 말을 믿고 받아들이기보다 자신의 생각에 들어맞는 단서들을 찾아 자신의 생각을 확인하는 것

② **대답할 말 준비하기** : 상대방의 말을 듣고 곧 자신이 다음에 할 말을 생각하는 데 집중해 상대방이 말하는 것을 잘 듣지 않는 것

③ **걸러내기** : 상대방의 말을 듣기는 하지만 상대방의 메시지를 온전히 듣는 것이 아니라 듣고 싶지 않은 것들은 막아버리는 것

④ **판단하기** : 상대방에 대한 부정적인 판단 때문에, 또는 상대방을 비판하기 위해 상대방의 말을 듣지 않는 것

⑤ **다른 생각하기** : 상대방이 말을 할 때 자꾸 다른 생각을 하고, 상황을 회피하는 것

⑥ **조언하기** : 다른 사람의 문제에 지나치게 간섭하고 본인이 해결해주고자 하는 것

⑦ **언쟁하기** : 단지 논쟁하기 위해서 상대방의 말에 귀를 기울이며, 상대방이 무슨 말을 하든지 자신의 입장을 확고히 한 채 방어하는 것

⑧ **자존심 세우기** : 자신의 부족한 점에 대한 상대방의 말을 듣지 않고 인정하지 않으려는 것

⑨ **슬쩍 넘어가기** : 대화가 너무 사적이거나 위협적이면 주제를 바꾸거나 농담으로 넘기는 것

⑩ **비위 맞추기** : 상대방을 위로하기 위해서 혹은 비위를 맞추기 위해서 너무 빨리 동의하는 것

(3) 효과적인 경청의 방법

① **준비한다** : 강의의 주제나 용어에 친숙해지도록 미리 강의 자료를 읽어둔다.

② **주의를 집중한다** : 말하는 사람의 모든 것에 집중해서 적극적으로 듣는다.

③ **예측한다** : 대화를 하는 동안 시간 간격이 있으면, 다음에 무엇을 말할 것인가를 추측해본다.

④ **나와 관련짓는다** : 상대방이 전하려는 메시지가 무엇인가를 생각해보고 자신의 삶, 목적, 경험과 연관지어본다.

⑤ **질문한다** : 질문을 하려고 하면 적극적으로 경청할 수 있고 집중력도 높아진다.

⑥ **요약한다** : 대화 도중에 주기적으로 대화의 내용을 요약하면 상대방이 전달하려는 메시지를 이해하고, 사상과 정보를 예측하는데 도움이 된다.

⑦ **반응한다** : 상대방이 말한 것에 대해 질문을 던지고 이해를 명료화한 뒤 피드백을 한다.

(4) 경청훈련

① 주의 기울이기(바라보기, 듣기, 따라하기)
② 상대방의 경험을 인정하고 더 많은 정보 요청하기
③ 정확성을 위해 요약하기
④ 개방적인 질문하기
⑤ '왜?'라는 질문 피하기

5. 의사표현능력

(1) 의사표현능력이란?

① 말하는 이가 자신의 생각과 감정을 듣는 이에게 음성언어나 신체언어로 표현하는 행위이다.
② 의사표현은 의사소통의 중요한 수단으로 특히, 의도나 목적을 가지고 이를 달성하고자 할 때 효과적인 말하기 방식이다.
③ 의사표현의 종류에는 상황이나 상태에 따라 공식적 말하기, 의례적 말하기, 친교적 말하기가 있다.

　ㄱ **공식적 말하기** : 준비된 내용을 대중을 상대로 하여 말하는 것(연설, 토론 등)
　ㄴ **의례적 말하기** : 정치·문화적 행사에서와 같이 의례 절차에 따라 말하는 것(주례, 회의 등)
　ㄷ **친교적 말하기** : 매우 친근한 사람들 사이에서 자연스럽게 떠오르는 대로 말하는 것

(2) 의사표현의 방해요인

① **연단공포증** : 연단에 섰을 때 가슴이 두근거리고 입술이 타고 식은땀이 나며, 얼굴이 달아오르는 생리적 현상

② **말** : 장단, 고저, 발음, 속도, 쉼, 띄어 말하기 등

③ **음성** : 목소리, 명료도, 쉼, 감정이입, 완급, 색깔, 온도 등

④ **몸짓** : 청자에게 인지되는 비언어적 요소(외모, 동작 등)

⑤ **유머** : 웃음을 주는 요소(흥미 있는 이야기, 풍자 등)

(3) 상황과 대상에 따른 의사표현법

① **상대방의 잘못을 지적할 때**

- 모호한 표현은 설득력을 약화시키므로, 상대방이 알 수 있도록 확실하게 지적한다.
- 현재 꾸짖고 있는 내용에만 한정해야지 이것저것 함께 꾸짖으면 효과가 없다.
- 힘이나 입장의 차이가 클수록 지적에 대한 저항이 적다.

② **상대방을 칭찬할 때**

- 자칫하면 아부로 여겨질 수 있으므로 상황에 맞게 적절히 해야 한다.
- 처음 만나는 사람에게 말을 할 때는 먼저 칭찬으로 시작하는 것이 좋다.

③ **상대방에게 부탁을 해야 할 때**

- 먼저 상대방의 사정을 우선시한다.
- 상대방이 응하기 쉽게 최대한 구체적으로 부탁한다.

④ **상대방의 요구를 거절해야 할 때**

- 먼저 사과한 다음, 응해줄 수 없는 이유를 설명한다.
- 불가능하다고 여겨질 때는 모호한 태도를 보이는 것보다 단호하게 거절하는 것이 좋다.

⑤ **명령해야 할 때**

- 강압적으로 말하기보다는 부드럽게 말한다.

⑥ **설득해야 할 때**

- 일방적으로 강요하거나 상대방만이 손해를 보라는 식의 '밀어붙이기 식'대화는 금물이다.
- 먼저 양보하고 이익을 공유하겠다는 의지를 보여준다.

⑦ **충고해야 할 때**

- 예를 들거나 비유법으로 깨우쳐주는 것이 바람직하다.

⑧ **질책해야 할 때**

- '칭찬의 말' + '질책의 말' + '격려의 말'처럼 질책을 가운데 두는 '샌드위치 화법'을 사용하는 것이 좋다.

수리능력

1. 수리능력

(1) 수리능력이란?

직장생활에서 요구되는 사칙연산과 기초적인 통계를 이해하고, 도표 또는 자료(데이터)를 정리 · 요약하여 의미를 파악하거나, 도표를 이용해서 합리적인 의사결정을 위한 객관적인 판단근거로 제시하는 능력이다.

(2) 구성요소

① **기초연산능력**

직장생활에서 필요한 기초적인 사칙연산과 계산방법을 이해하고 활용하는 능력

② **기초통계능력**

직장생활에서 평균, 합계, 빈도와 같은 기초적인 통계기법을 활용하여 자료를 정리하고 요약하는 능력

③ **도표분석능력**

직장생활에서 도표(그림, 표, 그래프 등)의 의미를 파악하고, 필요한 정보를 해석하여 자료의 특성을 규명하는 능력

2. 사칙연산

(1) 사칙연산이란?

수 또는 식에 관한 덧셈(+), 뺄셈(−), 곱셈(×), 나눗셈(\) 네 종류의 계산법이다. 보통 사칙연산은 정수나 분수 등에서 계산할 때 활용되며, 여러 부호가 섞여 있을 경우에는 곱셈과 나눗셈을 먼저 계산한다.

(2) 수의 계산

구분	덧셈(+)	곱셈(×)
교환법칙	$a+b=b+a$	$a \times b = b \times a$
결합법칙	$(a+b)+c=a+(b+c)$	$(a \times b) \times c = a \times (b \times c)$
분배법칙	$(a+b) \times c = a \times c + b \times c$	

3. 검산방법

(1) 역연산

답에서 거꾸로 계산하는 방법으로 덧셈은 뺄셈으로, 뺄셈은 덧셈으로, 곱셈은 나눗셈으로, 나눗셈은 곱셈으로 바꾸어 확인하는 방법이다.

(2) 구거법

어떤 수를 9로 나눈 나머지는 그 수의 각 자리 숫자의 합을 9로 나눈 나머지와 같음을 이용하여 확인하는 방법이다.

4. 단위환산

(1) 단위의 종류

① **길이** : 물체의 한 끝에서 다른 한 끝까지의 거리 (mm, cm, m, km 등)

② **넓이(면적)** : 평면의 크기를 나타내는 것 (mm^2, cm^2, m^2, km^2 등)

③ **부피** : 입체가 점유하는 공간 부분의 크기 (mm^3, cm^3, m^3, km^3 등)

④ **들이** : 통이나 그릇 따위의 안에 넣을 수 있는 물건 부피의 최댓값 (㎖, ㎗, ℓ, ㎘ 등)

(2) 단위환산표

단위	단위환산
길이	$1cm=10mm$, $1m=100cm$, $1km=1,000m=100,000cm$
넓이	$1cm^2=100mm^2$, $1m=10,000cm^2$, $1km^2=1,000,000m^2$
부피	$1cm^3=1,000mm^3$, $1m^3=1,000,000cm^3$, $1km^3=1,000,000,000m^3$
들이	$1m\ell=1cm^3$, $1d\ell=100cm^3=100m\ell$, $1\,\ell=1,000cm^3=10d\ell$
무게	$1kg=1,000g$, $1t=1,000kg=1,000,000g$
시간	1분=60초, 1시간=60분=3,600초
할푼리	1푼=0.1할, 1리=0.01할, 모=0.001할

5. 통계

(1) 통계란?

① 의미

집단현상에 대한 구체적인 양적 기술을 반영하는 숫자를 의미한다. 특히 사회집단 또는 자연집단의 상황을 숫자로 나타낸 것이다.

② 기능

㉠ 많은 수량적 자료를 처리가능하고 쉽게 이해할 수 있는 형태로 축소시킨다.

㉡ 표본을 통해 연구대상 집단의 특성을 유추한다.

㉢ 의사결정의 보조수단이 된다.

㉣ 관찰 가능한 자료를 통해 논리적으로 어떠한 결론을 추출·검증한다.

(2) 통계치

① 빈도 : 어떤 사건이 일어나거나 증상이 나타나는 정도

② 빈도 분포 : 어떤 측정값의 측정된 회수 또는 각 계급에 속하는 자료의 개수

③ **평균** : 모든 사례의 수치를 합한 후에 총 사례수로 나눈 값

④ **중앙값** : 크기에 의하여 배열하였을 때 정확하게 중간에 있는 값

⑤ **백분율** : 전체의 수량을 100으로 하여 생각하는 수량이 몇이 되는 가
를 가리키는 수(퍼센트)

(3) 통계의 계산

① **범위** : 최고값 − 최저값

② **평균** : $\dfrac{\text{전체 사례 값들의 합}}{\text{총 사례수}}$

③ **분산** : $\dfrac{(\text{관찰값} - \text{평균})^2 \text{의 합}}{\text{총 사례수}}$

④ **표준편차** : $\sqrt{\text{분산}}$

6. 도표

(1) 도표란?

선, 그림, 원 등으로 그림을 그려서 내용을 시각적으로 표현하여 다른 사
람이 한 눈에 자신의 주장을 알아볼 수 있게 한 것이다.

(2) 도표의 종류

구분	목적	용도	형상
종류	• 관리(계획 및 통제) • 해설(분석) • 보고	• 경과 그래프 • 내역 그래프 • 비교 그래프 • 분포 그래프 • 상관 그래프 • 계산 그래프 • 기타	• 선(절선) 그래프 • 막대 그래프 • 원 그래프 • 점 그래프 • 층별 그래프 • 레이더 차트 • 기타

(3) 도표의 종류별 활용

① 선(절선) 그래프

- 시간의 경과에 따라 수량에 의한 변화의 상황을 선(절선)의 기울기
  로 나타내는 그래프
- 시간적 추이(시계별 변화)를 표시하는데 적합

예 월별 매출액 추이 변화

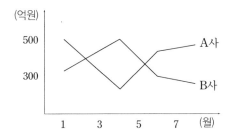

② 막대 그래프

- 비교하고자 하는 수량을 막대 길이로 표시하고, 그 길이를 비교하여
  각 수량간의 대소 관계를 나타내고자 할 때 가장 기본적으로 활용
  할 수 있는 그래프
- 내역, 비교, 경과, 도수 등을 표시하는 용도로 활용

예 영업소별 매출액

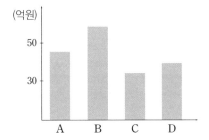

③ 원 그래프

- 내역이나 내용의 구성비를 원에 분할하여 작성하는 그래프
- 전체에 대한 구성비를 표현할 때 다양하게 활용

예 기업별 매출액 구성비 등

④ 점 그래프

- 지역분포를 비롯하여 도시, 지방, 기업, 상품 등의 평가나 위치, 성격을 표시하는데 활용할 수 있는 그래프

예 각 지역별 광고비율과 이익률의 관계 등

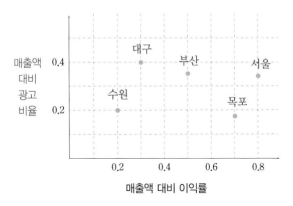

⑤ 층별 그래프

- 선의 움직임 보다는 선과 선 사이의 크기로써 데이터 변화를 나타내는 그래프
- 층별 그래프는 합계와 각 부분의 크기를 백분율로 니디내고 시긴적 변화를 보고자 할 때 활용
- 합계와 각 부분의 크기를 실수로 나타내어 시간적 변화를 보고자 할 때 활용

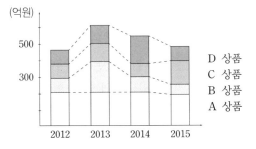

🔳 월별 · 상품별 매출액 추이 등

⑥ 레이더 차트(거미줄 그래프)
- 비교하는 수량을 직경 또는 반경으로 나누어 원의 중심에서의 거리에 따라 각 수량의 관계를 나타내는 그래프
- 다양한 요소를 비교할 때, 경과를 나타낼 때 활용

🔳 상품별 매출액의 월별변동 등

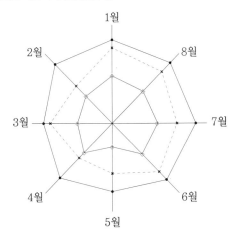

(4) 도표 해석상의 유의사항

① 요구되는 지식의 수준

직업인으로서 자신의 업무와 관련된 기본적인 지식의 습득을 통하여 특별한 지식을 상식화할 필요가 있다.

② 도표에 제시된 자료의 의미에 대한 정확한 숙지

주어진 도표를 무심코 해석하다 보면 자료가 지니고 있는 진정한 의미를 확대하여 해석할 수 있으므로 유의해야 한다.

③ 도표로부터 알 수 있는 것과 알 수 없는 것의 구별

주어진 도표로부터 알 수 있는 것과 알 수 없는 것을 완벽하게 구별할 필요가 있다. 도표를 토대로 자신의 주장을 충분히 추론할 수 있는 보편타당한 근거를 제시해주어야 한다.

④ 총량의 증가와 비율증가의 구분

비율이 같다고 하더라도 총량에 있어서는 많은 차이가 있을 수 있다. 또한 비율에 차이가 있다고 하더라도 총량이 표시되어 있지 않은 경우 비율차이를 근거로 절대적 양의 크기를 평가할 수 없기 때문에 이에 대한 세심한 검토가 요구된다.

⑤ 백분위수와 사분위수의 이해

백분위수는 크기순으로 배열한 자료를 100등분 하는 수의 값을 의미한다. 사분위수란 자료를 4등분한 것으로 제 1사분위수＝제 25백분위수, 제 2사분위수＝제 50백분위수(중앙치), 제 3사분위수＝제 75백분위수에 해당한다.

7. 도표작성능력

(1) 도표의 작성절차

① 어떠한 도표로 작성할 것인지를 결정

업무수행 과정에서 도표를 작성할 때에는 우선 주어진 자료를 면밀히 검토하여 어떠한 도표를 활용하여 작성할 것인지를 결정

② 가로축과 세로축에 나타낼 것을 결정

주어진 자료를 활용하여 가로축과 세로축에 무엇을 나타낼 것인지를 결정

③ 가로축과 세로축의 눈금의 크기를 결정

주어진 자료를 가장 잘 표현할 수 있도록 가로축과 세로축의 눈금의 크기를 결정

④ 자료를 가로축과 세로축이 만나는 곳에 표시

자료 각각을 결정된 축에 표시

⑤ 표시된 점에 따라 도표 작성

표시된 점들을 활용하여 실제로 도표 작성

⑥ 도표의 제목 및 단위 표시

도표를 작성한 후에는 도표의 상단 혹은 하단에 제목과 함께 단위를 표기

(2) 도표작성 시 유의사항

① 선(절선) 그래프 작성 시 유의점

- 일반적으로 선(절선)그래프를 작성할 때에는 세로축에 수량(금액, 매출액 등), 가로축에는 명칭구분(연, 월, 장소 등)을 제시한다.
- 축의 모양은 L자형으로 하는 것이 일반적이다.
- 선의 높이에 따라 수치를 파악하는 경우가 많으므로 세로축의 눈금을 가로축의 눈금보다 크게 하는 것이 효과적이다.
- 선이 두 종류 이상인 경우에는 반드시 무슨 선인지 그 명칭을 기입하여 주어야 한다.

② 막대그래프 작성 시 유의점

- 막대를 세로로 할 것인가 가로로 할 것인가의 선택은 개인의 취향이나, 세로로 하는 것이 보다 일반적이다.
- 축은 L자형이 일반적이나 가로 막대그래프는 사방을 틀로 싸는 것이 좋다.
- 세로축에 수량(금액, 매출액 등), 가로축에는 명칭구분(연, 월, 장소, 종류 등)을 제시한다.

- 막대 수가 부득이하게 많을 경우에는 눈금선을 기입하는 것이 알아보기 쉽다.
- 막대의 폭은 모두 같게 하여야 한다.

③ 원 그래프 작성 시 유의점
- 정각 12시의 선을 시작선으로 오른쪽으로 그리는 것이 일반적이다.
- 분할선은 구성비율이 큰 순서로 그린다.
- '기타' 항목은 구성비율의 크기에 관계없이 가장 뒤에 그리는 것이 좋다.
- 각 항목의 명칭은 같은 방향으로 기록하는 것이 일반적이지만, 만일 각도가 적어서 명칭을 기록하기 힘든 경우에는 지시선을 써서 기록한다.

④ 층별 그래프 작성 시 유의점
- 층별을 세로로 할 것인가 가로로 할 것인가 하는 것은 작성자의 기호나 공간에 따라 판단하지만 구성 비율 그래프는 가로로 작성하는 것이 좋다.
- 눈금은 선 그래프나 막대그래프 보다 적게 하고 눈금선을 넣지 않아야 하며, 층별로 색이나 모양이 모두 완전히 다른 것이어야 한다.
- 같은 항목은 옆에 있는 층과 선으로 연결하여 보기 쉽도록 한다.
- 세로 방향일 경우 위에서부터 아래로, 가로 방향일 경우 왼쪽에서 오른쪽으로 나열하면 보기가 쉽다.

문제해결능력

1. 문제

(1) 문제란?

원활한 업무수행을 위해 해결되어야 하는 질문이나 의논 대상을 의미한다.

※ **문제점** : 문제의 근본원인이 되는 사항으로 문제해결에 필요한 열쇠인 핵심 사항

(2) 문제의 분류

구분	창의적 문제	분석적 문제
문제제시 방법	현재 문제가 없더라도 보다 나은 방법을 찾기 위한 문제 탐구로 문제자체가 명확하지 않음	현재의 문제점이나 미래의 문제로 예견될 것에 대한 문제 탐구로, 문제자체가 명확함
해결 방법	창의력에 의한 많은 아이디어의 작성을 통해 해결	분석, 논리, 귀납과 같은 논리적 방법을 통해 해결
해답 수	해답의 수가 많으며, 많은 답 가운데 보다 나은 것을 선택	답의 수가 적으며, 한정되어 있음
주요 특징	주관적, 직관적, 감각적, 정성적, 개별적, 특수성	객관적, 논리적, 정량적, 이성적, 일반적, 공통성

(3) 문제의 유형

① 기능에 따른 문제 유형

제조문제, 판매문제, 자금문제, 인사문제, 경리문제, 기술상 문제

② 해결방법에 따른 문제 유형

논리적 문제, 창의적 문제

③ 시간에 따른 문제유형

과거문제, 현재문제, 미래문제

④ 업무수행과정 중 발생한 문제유형

발생형 문제 (보이는 문제)	• 눈앞에 발생되어 당장 걱정하고 해결하기 위해 고민하는 문제 • 눈에 보이는 이미 일어난 문제 • 원인지향적인 문제
탐색형 문제 (찾는 문제)	• 현재의 상황을 개선하거나 효율을 높이기 위한 문제 • 눈에 보이지 않는 문제 • 잠재문제, 예측문제, 발견문제
설정형 문제 (미래 문제)	• 미래상황에 대응하는 장래의 경영전략의 문제 • 앞으로 어떻게 할 것인가 하는 문제 • 목표 지향적 문제 • 창조적 문제

2. 문제해결

(1) 문제해결의 정의 및 의의

① 정의

문제해결이란 목표와 현상을 분석하고, 이 분석 결과를 토대로 주요과제를 도출하여 바람직한 상태나 기대되는 결과가 나타나도록 최적의 해결안을 찾아 실행, 평가해 가는 활동을 의미한다.

② 의의

㉠ **조직 측면** : 자신이 속한 조직의 관련분야에서 세계 일류수준을 지향하며, 경쟁사와 대비하여 탁월하게 우위를 확보하기 위해 끊임없는 문제해결 요구

㉡ **고객 측면** : 고객이 불편하게 느끼는 부분을 찾아 개선과 고객감동을 통한 고객만족을 높이는 측면에서 문제해결 요구

㉢ **자기 자신 측면** : 불필요한 업무를 제거하거나 단순화하여 업무를 효율적으로 처리하게 됨으로써 자신을 경쟁력 있는 사람으로 만들어 나가는데 문제해결 요구

(2) 문제해결의 기본요소

① 체계적인 교육훈련

② 문제해결방법에 대한 지식

③ 문제에 관련된 해당지식 가용성

④ 문제해결자의 도전의식과 끈기

⑤ 문제에 대한 체계적인 접근

(3) 문제해결 시 갖추어야할 사고

① **전략적 사고**

현재 당면하고 있는 문제와 그 해결방법에만 집착하지 말고, 그 문제와 해결방안이 상위 시스템 또는 다른 문제와 어떻게 연결되어 있는지를 생각하는 것이 필요하다.

② **분석적 사고**

전체를 각각의 요소로 나누어 그 요소의 의미를 도출한 다음 우선순위를 부여하고 구체적인 문제해결방법을 실행하는 것이 요구된다.

㉠ **성과 지향의 문제** : 기대하는 결과를 명시하고 효과적으로 달성하는 방법을 사전에 구상하고 실행에 옮긴다.

㉡ **가설 지향의 문제** : 현상 및 원인분석 전에 지식과 경험을 바탕으로 일의 과정이나 결과, 결론을 가정한 다음 검증 후 사실일 경우 다음 단계의 일을 수행한다.

㉢ **사실 지향의 문제** : 일상 업무에서 일어나는 상식, 편견을 타파하여 객관적 사실로부터 사고와 행동을 출발한다.

③ **발상의 전환**

기존에 갖고 있는 사물과 세상을 바라보는 인식의 틀을 전환하여 새로운 관점에서 바로 보는 사고를 지향한다.

④ 내·외부자원의 효과적인 활용

문제해결 시 기술, 재료, 방법, 사람 등 필요한 자원 확보 계획을 수립하고 내·외부자원을 효과적으로 활용한다.

(4) 문제해결 시 방해요소

① 문제를 철저하게 분석하지 않는 경우

어떤 문제가 발생하면 직관에 의해 성급하게 판단하여 문제의 본질을 명확하게 분석하지 않고 대책안을 수립하여 실행함으로써 근본적인 문제해결을 하지 못하거나 새로운 문제를 야기하는 결과를 초래할 수 있다.

② 고정관념에 얽매이는 경우

상황이 무엇인지를 분석하기 전에 개인적인 편견이나 경험, 습관으로 증거와 논리에도 불구하고 정해진 규정과 틀에 얽매여서 새로운 아이디어와 가능성을 무시해 버릴 수 있다.

③ 쉽게 떠오르는 단순한 정보에 의지하는 경우

문제해결에 있어 종종 우리가 알고 있는 단순한 정보들에 의존하여 문제를 해결하지 못하거나 오류를 범하게 된다.

④ 너무 많은 자료를 수집하려고 노력하는 경우

무계획적인 자료 수집은 무엇이 제대로 된 자료인지를 알지 못하는 실수를 범할 우려가 많다.

(5) 문제해결 방법

① 소프트 어프로치(Soft approach)

• 대부분의 기업에서 볼 수 있는 전형적인 스타일이다.

• 문제해결을 위해서 직접적인 표현이 바람직하지 않다고 여기며, 무언가를 시사하거나 암시를 통하여 의사를 전달한다.

- 결론이 애매하게 끝나는 경우가 적지 않으나, 그것은 그것대로 이심
  전심을 유도하여 파악한다.

② 하드 어프로치(Hard approach)
- 서로의 생각을 직설적으로 주장하고 논쟁이나 협상을 통해 서로의
  의견을 조정해 가는 방법이다.
- 중심적 역할을 하는 것은 논리, 즉 사실과 원칙에 근거한 토론이다.
- 합리적이긴 하지만 잘못하면 단순한 이해관계의 조정에 그치고 말
  아서 그것만으로는 창조적인 아이디어나 높은 만족감을 이끌어 내
  기 어렵다.

③ 퍼실리테이션(Facilitation)
- 깊이 있는 커뮤니케이션을 통해 서로의 문제점을 이해하고 공감함
  으로써 창조적인 문제해결을 도모한다.
- 구성원의 동기가 강화되고 팀워크도 한층 강화된다는 특징을 보인다.
- 구성원이 자율적으로 실행하는 것이며, 제 3자가 합의점이나 줄거리
  를 준비해놓고 예정대로 결론이 도출되어 가는 것이어서는 안 된다.

※ 퍼실리테이션에 필요한 기본 역량
  ① 문제의 탐색과 발견
  ② 문제해결을 위한 구성원 간의 커뮤니케이션 조정
  ③ 합의를 도출하기 위한 구성원들 사이의 갈등 관리

3. 사고력

(1) 창의적인 사고

① 창의적인 사고란?
  당면한 문제를 해결하기 위해 이미 알고 있는 경험과 지식을 해체하여
  다시 새로운 정보로 결합함으로써 가치 있고 참신한 아이디어를 산출
  하는 사고이다.

② 창의적 사고의 특징

　㉠ 정보와 정보의 조합이다

　㉡ 사회나 개인에게 새로운 가치를 창출한다.

　㉢ 창조적인 가능성이다.

③ 창의적 사고 개발 방법

자유 연상법	생각나는 대로 자유롭게 발상	브레인스토밍
강제 연상법	각종 힌트에 강제적으로 연결 지어서 발상	체크리스트
비교 발상법	주제의 본질과 닮은 것을 힌트로 발상	NM법, Synectics

(2) 논리적 사고

① 논리적 사고란?

　• 업무 수행 중에 자신이 만든 계획이나 주장을 주위 사람에게 이해시 켜 실현시키기 위해 필요로 하는 능력

　• 사고의 전개에 있어서 전후의 관계가 일치하고 있는가를 살피고, 아 이디어를 평가하는 능력

② 논리적인 사고를 위한 필요한 요소

　㉠ 생각하는 습관

　㉡ 상대 논리의 구조화

　㉢ 구체적인 생각

　㉣ 타인에 대한 이해

　㉤ 설득

③ 논리적인 사고를 개발하는 방법

　㉠ 피라미드 구조

　　허위의 사실이나 현상으로부터 상위의 주장을 만들어나가는 방법

ⓛ so what기법

"그래서 무엇이지?"하고 자문자답하는 의미로, 눈앞에 있는 정보로부터 의미를 찾아내어 가치 있는 정보를 이끌어 내는 사고

(3) 비판적 사고

① 비판적 사고란?

- 어떤 주제나 주장 등에 대해서 적극적으로 분석하고 종합하며 평가하는 능동적인 사고이다.
- 어떤 논증, 추론, 증거, 가치를 표현한 사례를 타당한 것으로 수용할 것인가 아니면 불합리한 것으로 거절할 것인가에 대한 결정을 내릴 때 요구되는 사고력이다.
- 제기된 주장에 어떤 오류가 있는가를 찾아내기 위하여 지엽적인 부분을 확대하여 문제로 삼는 것이 아니라, 지식, 정보를 바탕으로 한 합당한 근거에 기초를 두고 현상을 분석하고 평가하는 사고이다.

② 비판적 사고 개발 태도

ⓐ 지적 호기심   ⓛ 객관성

ⓒ 개방성   ⓔ 융통성

ⓜ 지적 회의성   ⓗ 지적 정직성

ⓢ 체계성   ⓞ 지속성

ⓩ 결단력   ⓩ 다른 관점에 대한 존중

ⓚ 문제의식   ⓔ 고정관념 타파

2DAY

한국철도공사 직업기초능력평가

01 다음 글에서 알 수 없는 것은?

갈릴레오는 『두 가지 주된 세계 체계에 관한 대화』에서 등장인물인 살비아티에게 자신을 대변하는 역할을 맡겼다. 심플리치오는 아리스토텔레스의 자연철학을 대변하는 인물로서 살비아티의 대화 상대역을 맡고 있다. 또 다른 등장인물인 사그레도는 건전한 판단력을 지닌 자로서 살비아티와 심플리치오 사이에서 중재자 역할을 맡고 있다.

이 책의 마지막 부분에서 사그레도는 나흘간의 대화를 마무리하며 코페르니쿠스의 지동설을 옳은 견해로 인정한다. 그리고 그는 그 견해를 지지하는 세 가지 근거를 제시한다. 첫째는 행성의 겉보기 운동과 역행 운동에서, 둘째는 태양이 자전한다는 것과 그 흑점들의 운동에서, 셋째는 조수 현상에서 찾아낸다.

이에 반해 살비아티는 지동설의 근거로서 사그레도가 언급하지 않은 항성의 시차(視差)를 중요하게 다룬다. 살비아티는 지구의 공전을 입증하기 위한 첫 번째 단계로 지구의 공전을 전제로 한 코페르니쿠스의 이론이 행성의 겉보기 운동을 얼마나 간단하고 조화롭게 설명할 수 있는지를 보여준다. 그런 다음 그는 지구의 공전을 전제로 할 때, 공전 궤도의 두 맞은편 지점에서 관측자에게 보이는 항성의 위치가 달라지는 현상, 곧 항성의 시차를 기하학적으로 설명한다.

그렇다면 사그레도는 왜 이 중요한 사실을 거론하지 않았을까? 그것은 세 번째 날의 대화에서 심플리치오가 아리스토텔레스의 이론을 옹호하면서 지동설에 대한 반박 근거로 공전에 의한 항성의 시차가 관측되지 않음을 지적한 것과 관련이 있다. 당시 갈릴레오는 자신의 망원경을 통해 별의 시차를 관측하지 못했다. 그는 그 이유가 항성이 당시 알려진 것보다 훨씬 멀리 있기 때문이라고 주장하였지만, 반대자들에게 그것은 임기응변적인 가설로 치부될 뿐이었다. 결국 그 작은 각도가 나중에 더 좋은 망원경에 의해 관측되기까지 항성의 시차는 지동설의 옹호자들에게 '불편한 진실'로 남아 있었다.

① 아리스토텔레스의 철학을 따르는 심플리치오는 지구가 공전하지 않음을 주장
　한다.

② 사그레도는 항성의 시차에 관한 기하학적 예측에 근거하여 코페르니쿠스의 지
　동설을 받아들인다.

③ 사그레도와 살비아티는 둘 다 행성의 겉보기 운동을 근거로 하여 코페르니쿠스
　의 지동설을 옹호한다.

④ 심플리치오는 관측자에게 항성의 시차가 관측되지 않았다는 사실에 근거하여
　코페르니쿠스의 지동설을 반박한다.

⑤ 살비아티는 지구가 공전한다면 공전궤도상의 지구의 위치에 따라 항성의 시차
　가 존재할 수밖에 없다고 예측한다.

정답 해설 셋째 단락에서 알 수 있듯이 사그레도는 항성의 시차(視差)를 지동설의 근거로 언급하지 않았다. 둘째 단락에 나와 있듯이 사그레도는 행성의 겉보기 운동과 역행 운동, 태양이 자전한다는 것과 그 흑점들의 운동, 조수 현상을 통해 코페르니쿠스의 지동설을 옳은 견해로 인정하였다. 따라서 ②는 제시된 글의 내용과 부합하지 않는다.

02 8%의 식염수 150g에 물을 추가하여 농도를 6%인 식염수로 만들려고 한다. 얼마만큼의 물을 추가해야 하는가?

① 50g

② 60g

③ 70g

④ 80g

⑤ 100g

정답해설 '식염수의 농도(%)= $\dfrac{\text{식염의 양}}{\text{식염수의 양}} \times 100(\%)$'이므로, '식염의 양= $\dfrac{\text{식염수의 농도}}{100} \times$ 식염수의 양'이 된다. 따라서 8%의 식염수 150g에 들어 있는 식염의 양은 ' $\dfrac{8}{100} \times 150 = 12(\text{g})$ '이다. 여기서 추가해야 할 물의 양을 $x(\text{g})$라 할 때, ' $6(\%)= \dfrac{12}{15+x} \times 100$ '이 된다(물을 추가하는 것이므로 식염의 양은 변화가 없음). 이를 풀면 ' $x=50(\text{g})$ '이 된다.

03 A제품의 구매 후 보증기간 내에 A/S가 신청된 제품의 경우, 제품의 불량으로 인한 수리 신청은 30%이고 나머지는 사용주의 의무의 위반이나 관리상의 문제 등으로 인한 신청이라고 한다. 보증기간 내에 A/S가 신청된 10개의 제품에서 임의로 3개의 제품을 선택할 때, 적어도 1개가 제품의 불량일 확률을 구하면? (단, 선택한 제품은 다시 넣지 않는다고 가정한다.)

① $\dfrac{7}{24}$

② $\dfrac{3}{10}$

③ $\dfrac{3}{8}$

④ $\dfrac{5}{8}$

⑤ $\dfrac{17}{24}$

 보증기간 내에 A/S가 신청된 10개의 제품 중 3개를 선택하여 적어도 1개가 제품 불량이라는 것은, 1개나 2개, 또는 3개 모두가 불량인 경우를 말한다. 이는 전체 확률에서 선택한 3개 제품 모두 불량이 아닐 확률을 빼주면 된다.

A/S가 신청된 10개의 제품에서 임의로 3개의 제품을 선택할 때 3개 모두 제품 불량이 아닐 확률은

'$\dfrac{7}{10} \times \dfrac{6}{9} \times \dfrac{5}{8} = \dfrac{7}{24}$'이 된다.

따라서 3개의 제품을 선택할 때 적어도 1개가 불량품일 확률은 '$1 - \dfrac{7}{24} = \dfrac{17}{24}$'이다.

04 다음 글에서 알 수 있는 것은?

대부분의 컴퓨터 게임 프로그램은 컴퓨터의 무작위적 행동을 필요로 한다. 이것은 말처럼 그렇게 쉬운 일이 아니다. 모든 컴퓨터는 주어진 규칙과 공식에 따라 결과를 산출하도록 만들어질 수밖에 없기 때문이다.

비록 현재의 컴퓨터는 완전히 무작위적으로 수들을 골라내지는 못하지만, 무작위적인 것처럼 보이는 수들을 산출하는 수학 공식 프로그램을 내장하고 있다. 즉, 일련의 정확한 계산 결과로 만든 것이지만, 무작위적인 것처럼 보이는 수열을 만들어 낸다. 그러한 일련의 수들을 만들어 내는 방법은 수백 가지이지만, 모두 처음에 시작할 시작수의 입력이 필수적이다. 이 시작수는 사용자가 직접 입력할 수도 있고, 컴퓨터에 내장된 시계에서 얻을 수도 있다. 예컨대 자판을 두드리는 순간 측정된 초의 수치를 시작수로 삼는 것이다.

문제는 이렇게 만들어 낸 수열이 얼마나 완전히 무작위적인 수열에 가까운가이다. 완전히 무작위적인 수열이 되기 위해서는 다음의 두 가지 기준을 모두 통과해야 한다. 첫째, 모든 수가 다른 수들과 거의 같은 횟수만큼 나와야 한다. 둘째, 그 수열은 인간의 능력으로 예측이 가능한 어떤 패턴도 나타내지 않아야 한다. 수열 1, 2, 3, 4, 5, 6, 7, 8, 9, 0은 첫 번째 조건은 통과하지만, 두 번째 조건은 통과하지 못한다. 수열 5, 8, 3, 1, 4, 5, 9, 4, 3, 7, 0은 얼핏 두 번째 조건을 통과하는 것처럼 보이지만 그렇지 않다. 곰곰이 생각해 보면 0 다음의 수가 무엇이 될 것인지를 예측할 수 있기 때문이다. (앞의 두 수를 합한 값의 일의 자리 수를 생각해 보라.) 현재의 컴퓨터가 내놓는 수열들이 이 두 가지 기준 모두를 통과하는 것은 아니다. 즉, 완전히 무작위적인 수열을 아직 만들어 내지 못하고 있는 것이다. 그리고 컴퓨터의 작동 원리를 생각하면, 이는 앞으로도 불가능할 수밖에 없다.

① 인간은 완전히 무작위적인 규칙과 공식들을 컴퓨터에 입력할 수 있다.
② 완전히 무작위적인 수열이라면 같은 수가 5번 이상 연속으로 나올 수 없다.
③ 컴퓨터가 만들어 내는 수열 중에는 인간의 능력으로 예측하기 어려운 것처럼 보이는 경우도 있다.
④ 사용자가 시작수를 직접 입력하지 않았다면 컴퓨터는 어떤 수열도 만들어 낼 수 없다.
⑤ 어떤 수열의 패턴이 인간의 능력으로 예측 가능하다면 그 수열에는 모든 수가 거의 같은 횟수만큼 나올 수밖에 없다.

정답해설 둘째 단락에서 '일련의 정확한 계산 결과로 만든 것이지만, 무작위적인 것처럼 보이는 수열을 만들어 낸다'고 하였고, 셋째 단락의 '수열 5, 8, 3, 1, 4, 5, 9, 4, 3, 7, 0은 얼핏 두 번째 조건을 통과하는 것처럼 보이지만 그렇지 않다. 곰곰이 생각해 보면 0 다음의 수가 무엇이 될 것인지를 예측할 수 있기 때문이다'에서 ③의 내용을 알 수 있다. 즉, 컴퓨터는 완전히 무작위적인 수열을 아직 만들지는 못하고 있으나, 인간의 능력으로 예측하기 어려운 것처럼 보이는 수열은 만들 수는 있다는 것이다.

05 다음 밑줄 친 결론을 이끌어내기 위해 추가해야 할 전제는?

A국은 현실적으로 실행 가능한 대안만을 채택하는 합리적인 국가이다. A국의 외교는 B원칙의 실현을 목표로 하고 있으며 앞으로도 이 목표는 변하지 않는다. 그러나 문제는 B원칙을 실현하는 방안이다. B원칙을 실현하기 위해서는 적어도 하나의 전략이 실행되어야 한다. 최근 외교전문가들 간에 뜨거운 토론의 대상이 되었던 C전략은 B원칙을 실현하기에 충분한 방안으로 평가된다. 그러나 C전략의 실행을 위해서는 과다한 비용이 소요되기 때문에, A국이 C전략을 실행하는 것은 현실적으로 불가능하다. 한편 일부 전문가가 제시했던 D전략은 그 자체로는 B원칙을 실현하기에 충분하지 않다. 하지만 금년부터 A국 외교정책의 기조로서 일관성 있게 실행될 E정책과 더불어 D전략이 실행될 경우, B원칙은 실현될 것이다. 뿐만 아니라 E정책 하에서 D전략의 실행 가능성도 충분하다. 그러므로 <u>A국의 외교정책에서 D전략이 채택될 것은 확실하다.</u>

① A국의 외교정책 상 C전략은 B원칙에 부합한다.

② C전략과 D전략 이외에 B원칙을 실현할 다른 전략은 없다.

③ B원칙의 실현을 위해 C전략과 D전략은 함께 실행될 수 없다.

④ B원칙의 실현을 위해 C전략과 E정책은 함께 실행될 수 없다.

⑤ D전략은 C전략과 목표가 같다.

정답해설 첫째 단락에서 A국의 외교는 B원칙의 실현을 목표로 하고 있다고 했고, B원칙을 실현하기 위한 방안으로 C전략과 D전략을 제시하였다. C전략이 과다한 비용 소요로 인해 실행이 불가능하다고 하더라도 다른 전략이 있다면 D전략이 채택되는 것이 아니다. 따라서 ②가 전제로 추가되어야 한다.

06 다음 글의 내용을 가장 잘 포괄하는 것은?

시민사회는 1990년대 이후 세계화의 물결을 타고 새롭게 진화하고 있다. 그것이 바로 세계시민사회(global civil society)다. 일각에서는 세계시민사회에 조응하는 '세계국가'가 존재하지 않기 때문에 세계시민사회는 불가능하다고 주장한다. 하지만 세계국가가 부재하더라도 국가 간 체제(inter-state system)에 대응하는 지구적 비정부조직, 사회운동, 공론장이 존재한다는 점에서 세계시민사회는 성립 가능하다. 〈세계시민사회 연감〉을 펴내고 있는 헬무트 안하이어 등에 따르면, 세계시민사회는 '가족 · 국가 · 시장 사이에 존재하고, 일국적 정치 · 경제 · 사회를 초월해 작동하는 아이디어, 가치, 기구, 조직, 네트워크, 개인들의 영역'을 지칭한다.

국민국가를 넘어선 지구적 차원에서 의사 결정의 민주적 정당성을 확보하는 것은 중요한 문제이다. 위르겐 하버마스가 지적하듯 국제적 협상에 비정부조직이 참여하는 것은 지구적 수준에서 국가적 공론장과 풀뿌리 공론장을 연결시킴으로써 절차와 내용의 정당성을 강화해 준다. 글로벌 거버넌스(global governance)가 요청되는 지점이 바로 여기다. 글로벌 거버넌스는 주권적 권위가 부재하는 지구적 차원에서 정부 및 비정부 행위자가 상호 협력을 통해 문제들을 풀어가는 방식들을 통칭한다. 전 스웨덴 수상 아바르 카를손 등이 이끄는 글로벌 거버넌스 위원회는 유엔 회원국, 사무국, 세계시민사회가 글로벌 거버넌스의 세 주체임을 강조하고 이들의 대응성, 투명성, 책무성, 성실성을 요구한 바 있다.

지구적 공론장은 세계시민사회의 주요 부분 중 하나이다. 정보사회의 도래와 인터넷의 보급은 현실공간과 가상공간에서 지구적 공론장을 확장해 왔다. 세계사회포럼(WSF)은 세계경제포럼(다보스포럼)에 맞서 출범한 세계시민사회의 토론장이다. 이 포럼은 선진국이 주도하는 세계화를 거부하고, '또 다른 세계가 가능하다.'는 반세계화의 세계화, 즉 인간적 세계화의 메시지를 던져 왔다. 한편 진보통신연합은 온라인상의 다양한 네트워크를 통해 정보의 자유를 주장하는 동시에 오프라인 사회운동들을 지원한다.

9·11테러 이후 세계시민사회에는 명암이 교차한다. 미국의 일방주의와 비서구사회 근본주의의 갈등은 세계시민사회에 어두운 그림자를 드리우고, 심화되는 지구적 불평등은 세계시민사회의 우울한 이면을 이룬다. 상황이 이렇다고 해서 지구적 유토피아의 에너지가 고갈된 것은 아니다. 울리히 벡은 '인간은 대지의 구부러진 나무'라는 칸트의 말을 빌려 세계시민에 대한 열망을 피력한다. 인간은 자신이 속한 공동체에의 편향성을 가질 수밖에 없는 존재이다. 그러나 동시에 인간은 하늘을 향해 자라는 나무와 같이 인권과 민주주의라는 이상을 포기할 수 없는 존재이기도 하다. 국민국가를 넘어서는 세계화 시대에 보편적 인간주의와 지구적 민주주의가 인류 공통의 목표라면, 세계시민사회는 그 집합의지의 수원지(水源池)라 하지 않을 수 없다.

① 세계시민사회의 현황과 지향점
② 세계시민사회 개념 정립의 필요성
③ 글로벌 거버넌스의 필요성과 의의
④ 글로벌 거버넌스와 세계시민사회의 관계
⑤ 세계시민사회에서 지구적 공론장의 역할

 각 문단의 내용을 종합해 볼 때 세계시민사회의 현황과 지향점이 전체 내용을 포괄함을 알 수 있다.

 ② 세계시민사회 개념 정립의 필요성에 관한 내용은 제시문을 통해 확인할 수 없다.

③, ④ 지구적 차원에서 의사 결정의 민주적 정당성을 확보하는 것은 중요한 문제이다. 글로벌 거버넌스가 요청되는 지점이라는 점에서 세계시민사회 개념 정립의 필요성 및 글로벌 거버넌스의 필요성과 의의를 확인할 수 있지만 이것이 전체의 내용을 포괄한다고는 할 수 없다.

⑤ 셋째 문단에서는 지구적 공론장을 통해 이룬 성과를 기술하고 있다. 그러나 이것을 지구적 공론장의 역할이라고 단정할 수는 없다.

07 다음 글쓴이의 주장과 부합하지 않는 것은?

우리나라 학문은 정주학설(程朱學說)을 조종(祖宗)으로 하였고, 불교는 있어도 도교는 없다. 따라서 바른 학문이 성하고 이단(異端)은 거의 없다. 오직 풍수설(風水說)이 불교나 노장학(老莊學)보다 더욱 심하여, 사대부들도 쏠리면서 하나의 풍습으로 되었다. 그래서 장사(葬事)를 고쳐하는 것을 효도라 하며, 산소 꾸미는 것을 일삼으니 서민도 본받는다.

대저 이미 뼈가 된 어버이를 두고, 자기 운수의 좋고 나쁨을 점치고자 하니 그 심보가 벌써 어질지 못하다. 더구나 남의 산을 빼앗고, 남의 상여(喪輿)를 쳐부수는 것은 옳은 일이 아니다. 또 묘사(墓祀)를 시제(時祭)보다 성대하게 지내는 것도 예(禮)가 아니다.

대저 땅 위에 있는 사람으로서 땅 속 일을 다 의심한다면 천하에 어찌 안전한 무덤이 있겠는가? 대체로 수장(水葬)·화장(火葬)·조장(鳥葬)·현장(懸葬)을 하는 나라에도 또한 인류가 있고 임금과 신하도 있다.

그러므로 오래 살고 일찍 죽음과 팔자가 궁하고 좋음과 집안이 흥하고 망함과 살림이 가난하고 부함은 천도(天道)의 자연이고 사람의 행동에 관계되는 것이다. 장사지낸 터의 좋고 나쁨에 관련시켜 논할 것은 아니다.

지금 사주(四柱)를 말하는 자는 천하 일을 모두 사주에 돌리고, 관상법(觀相法)을 말하는 자는 천하의 일을 모두 관상법에다 돌리며, 무당은 무술(巫術)에다 돌리고, 지관(地官)은 장사하는 데에 돌리는 바, 무슨 방술(方術)이든지 그렇지 않은 것이 없으니 한 사람의 일로써 과연 누구에게 맡겨야 할 것인가? 학식 있는 사람이 중요한 지위를 맡으면, 마땅히 풍수들의 문서를 불사르고 풍수를 따지는 그런 사람을 금하여, 백성들에게 길흉(吉凶)과 화복(禍福)이 장사와는 관계없음을 알게 할 것이다.

그런 뒤에, 각 고을마다 산지(山地) 한 곳씩 잡아 두고, 백성에게 그 씨족의 내력을 밝혀, 씨족끼리 장사하게 하기를 중국의 북망산(北邙山) 제도와 같게 한다. 만약 본 고을에 적당한 곳이 없으면 이웃 고을 지역이라도 백 리 안쪽에다 정하도록 한다. 또 장삿날은 가리지 않으며, 하관(下棺)할 땅 속에는 회(灰)를 굳게 쌓고, 비석(碑石)과 지석(誌石)을 삼가서 세운다.

이와 같이 할 뿐이면 사대부들이 산지 때문에 서로 다투든가 빼앗는 일은 저절로 그칠 것이고, 부자들이 묘터를 넓게 차지하는 것도 쉽게 금해질 것이다.

① 인간의 길흉화복은 풍수지리와 관계가 없다.
② 사회지도층이 장묘문화를 바르게 세워야 한다.
③ 장묘 방식은 시대와 상황에 따라 변화할 수 있다.
④ 호사스러운 장묘 풍습은 타파되어야 할 악습이다.
⑤ 공동묘지는 풍수설의 폐단을 극복할 대안이 될 수 없다.

정답해설 산지마다 한곳에 자리를 잡아 두고 씨족끼리 장사를 지내는 것은 공동묘지를 의미하며, 이는 풍수설의 폐단을 극복할 대안으로 글쓴이가 주장한 것이므로 대안이 될 수 없다는 내용은 글쓴이의 주장과 부합하지 않음을 알 수 있다.

오답해설 ① 오래 살고 일찍 죽음과 팔자의 좋고 나쁨은 천도의 자연이며 사람의 행동에 관계되는 것일 뿐, 장사 지낸 터의 좋고 나쁨에 관련시켜 논할 것이 아니라는 내용을 통해 인간의 길흉화복은 풍수지리와 관계가 없다는 것을 확인할 수 있다.

② 학식 있는 사람이 중요한 지위를 맡으면 풍수들의 문서를 불사르고 풍수를 따지는 사람을 금하여 백성들에게 길흉과 화복이 장사와는 관계가 없음을 알게 한다는 내용을 통해 사회지도층이 장묘 문화를 바르게 세워야 한다고 주장하고 있음을 확인할 수 있다.

③ '사대부들도 쏠리면서 하나의 풍습이 되었다.'라는 부분을 통해 과거의 장묘방식은 제시문에 언급된 것과 달랐음을 시사하고 있다. 또한 '화장·조장·현장을 하는 나라에도 또한 인류가 있고 임금과 신하도 있다.'라는 부분을 통해 상황에 따라 장묘 방법이 다름을 언급하고 있다.

④ 장사를 지낼 때에 고을마다 산지를 한 곳씩 잡아 장삿날을 가리지 않고 회와 비석을 사용하여 세운 다면 사대부들이 서로 다투는 일이 없고 부자들이 묘터를 넓게 차지하는 것도 금해질 것이라는 부분에서 호사스러운 장묘 풍습은 타파되어야 할 악습이라는 내용이 제시문에 부합함을 알 수 있다.

08 다음 글에서 추론할 수 없는 진술은?

한 마리의 개미가 모래 위를 기어가고 있다. 개미가 기어감에 따라 모래 위에는 하나의 선이 생긴다. 개미가 모래 위에서 방향을 이리저리 틀기도 하고 가로지르기도 하여 형성된 모양이 아주 우연히도 이순신 장군의 모습과 유사한 그림과 같이 되었다고 하자. 이 경우 그 개미가 이순신 장군의 그림을 그렸다고 할 수 있는가?

개미는 단순히 어떤 모양의 자국을 남긴 것이다. 우리가 그 자국을 이순신 장군의 그림으로 보는 것은 우리 스스로가 그렇게 보기 때문이다. 선 그 자체는 어떠한 것도 표상하지 않는다. 이순신 장군의 모습과 단순히 유사하다고 해서 그것이 바로 이순신 장군을 표상하거나 지시한다고 할 수는 없다.

반대로 어떤 것이 이순신 장군을 표상하거나 지시한다고 해서 반드시 이순신 장군의 모습과 유사하다고 할 수도 없다. 이순신 장군의 모습을 본뜨지도 않았으면서 이순신 장군을 가리키는 데에 사용되는 것은 활자화된 '이순신 장군'과 입으로 말해진 '이순신 장군'등 수없이 많다.

개미가 그린 선이 만약 이순신 장군의 모습이 아니라 '이순신 장군'이란 글자 모양이라고 하자. 분명히 그것은 아주 우연히 그렇게 되었다. 따라서 개미가 우연히 그린 모래 위의 '이순신 장군'은 이순신 장군을 표상한다고 할 수 없다. 활자화된 모양인 '이순신 장군'이 어느 책이나 신문에 나온 것이라면 그것은 이순신 장군을 표상하겠지만 말이다. '이순신'이란 이름을 책에서 본다면 그 이름을 활자화한 사람이 있을 것이고, 그 사람은 이순신 장군의 모습을 생각할 수도 있고 그를 지시하려는 의도를 가졌을 것이기 때문이다.

① 이름이 어떤 것을 표상하기 위해 의도는 필요조건이다.
② 어떤 것을 표상하기 위해 유사성은 충분조건이 아니다.
③ 개미가 남긴 모래 위의 흔적 자체는 어떤 것도 표상하지 않는다.
④ 이순신 장군을 그리고자 그린 그림이라도 이순신 장군과 닮지 않았다면 그를 표상하는 그림이라고 볼 수 없다.
⑤ 이름이 어떤 대상을 표상하기 위해서는 그 이름을 사용한 사람이 그 대상에 대해서 생각할 수 있는 능력이 있어야 한다.

이순신 장군의 모습을 본뜨지 않았더라도 이순신 장군을 가리키는 데에 사용될 수 있다는 내용을 통해 이순신 장군을 그리고자 그린 그림이라도 이순신 장군과 닮지 않았다면 그를 표상하는 그림이라고 볼 수 없다는 내용이 거짓임을 추론할 수 있다.

09 글쓴이가 받아들이는 '인과적 설명'의 개념에 해당하는 것을 〈보기〉에서 모두 고르면?

1986년 1월 28일 우주왕복선 챌린저호가 발사된 지 73초 만에 공중 폭발하였다. 챌린저호의 이 참사는 어떤 부품이 제 기능을 다하지 못했기 때문이라고 밝혀졌다. 그러나 몇몇 엔지니어들이 이륙 9일 전에 그 부품인 O-링의 기능이 발사 날짜의 예상 기온에서는 제대로 작동하지 않을 수 있다는 것을 인지하고 발사에 반대하였다는 사실이 드러났다. 그들이 발사 전날 발사 연기를 권고했지만, NASA와 제작사의 최고 경영진은 그 권고를 무시했다.

이 참사를 어떻게 설명할 수 있을까? 이러한 사건의 설명은 전형적으로 사건의 원인이 어떻게 그 사건을 야기하였는지를 보여주는 방식으로 이루어진다. 이러한 설명을 '인과적 설명'이라고 부른다. 이 재난의 경우 인과적 설명은 여러 각도에서 제시될 수 있으며 어떤 설명이 주어지는가에 따라 사건의 원인과 책임 소재가 달라지고 대응방식도 달라질 것이다. 만일 공학적 실패에 초점을 둘 경우, 폭발 원인은 O-링의 오작동, 다른 봉합 장치의 부재, 연료의 누출 등이 될 것이다. 경영진의 판단이나 윤리적 태도에 초점을 둘 경우, 참사의 원인은 발사를 강행했던 책임자의 결정이나 우주선 설계와 제작에 관여한 사람들의 행동 및 판단에서 찾아야 할 것이다. 또 예기치 못한 사건들의 우연적인 결합이 재난의 발생에 기여했을지도 모른다. 기상학자는 발사일의 낮은 기온이 참사의 직접적 원인이라고 판단할 수도 있다.

사건 발생을 위해 꼭 필요하지 않은 어떤 선행 사건이 원인이라는 설명은 결코 좋은 설명이 아니다. 당시 챌린저호는 한 여교사를 태우고 있었지만, 이 여교사가 탑승하지 않았다면 폭발이 일어나지 않았으리라고 볼 이유는 전혀 없으므로 이 여교사의 탑승을 폭발 원인으로 지목한다면 이는 좋은 설명이 아니다. 한편 하나의 사건을 발생시키는 데에는 무수히 많은 사실과 사건, 정보들이 관련된다. 따라서 사건을 일으키기에 충분한 모든 조건들의 목록을 제시하는 일은 불가능하고, 좋은 설명은 이런 일을 요구하지도 않는다. 좋은 인과적 설명은 사건을 발생시키는 데 결정적으로 기여한 조건을 원인으로 제시하는 것인데, 과연 어떤 목록이 적절한 설명을 주는가 하는 것은 경험적인 질문이며, 물음이 제기된 분야와 우리의 관심사에 따라서 달라진다.

보기

ㄱ. 사건 발생을 위해 빠져서는 안 되는 조건이 원인이며, 인과적 설명은 이러한 불가결의 조건 중 어떤 것을 원인으로 제시한다.

ㄴ. 사건을 발생시키기에 충분한 선행 조건들 전체가 원인이며, 인과적 설명은 이러한 모든 충분조건들의 목록을 제시한다.

ㄷ. 사건에 대하여 책임을 물을 수 있는 행위자 또는 그들의 행위가 사건의 원인일 수 있으며, 인과적 설명은 이러한 원인을 적시함으로써 책임 소재를 밝혀준다.

① ㄱ

② ㄴ

③ ㄱ, ㄴ

④ ㄱ, ㄷ

⑤ ㄴ, ㄷ

정답해설 ㄱ. 사건 발생을 위해 빠져서는 안 되는 조건이 원인이며, 인과적 설명은 이러한 불가결의 조건 중 어떤 것을 원인으로 제시한다는 내용은 제시문을 통해 확인할 수 있다.

ㄷ. 사건에 대하여 책임을 물을 수 있는 행위자 또는 그들의 행위가 사건의 원인일 수 있으며, 인과적 설명은 이러한 원인을 적시함으로써 책임 소재를 밝혀준다는 내용 역시 제시문을 통해 확인할 수 있다.

오답해설 ㄴ. 사건을 발생시키기에 충분한 선행 사건들 전체가 원인이며, 인과적 설명은 이러한 모든 충분조건들의 목록을 제시한다는 내용은 제시문과 일치하지 않는 내용이다. 제시문에서는 하나의 사건을 발생시키는 데는 무수히 많은 사건과 정보들이 관련되며 사건을 일으키기에 충분한 모든 조건들의 목록을 제시하는 것은 불가능하다고 하였다.

10 다음 글의 중심 내용으로 가장 적절한 것은?

다원주의 사회 내에서는 불가피하게 다양한 가치관들이 충돌한다. 이러한 충돌과 갈등을 어떻게 해결할 것인가? 자유주의는 상충되는 가치관으로 인해 개인들 사이에서 갈등이 빚어질 경우, 이러한 갈등을 사적 영역의 문제로 간주하고 공적 영역에서 배제함으로써 그 갈등을 해결하고자 했다.

하지만 다원주의 사회에서 발생하는 심각한 갈등들을 해소하기 위해서 모든 사람이 수용할 수 있는 합리성에 호소하는 것은 어리석은 일이다. 왜냐하면 모든 사람들이 수용할 수 있는 합리성의 범위가 너무 협소하기 때문이다. 물론 이러한 상황에서도 민주적 합의는 여전히 유효하고 필요하다. 비록 서로 처한 상황이 다르더라도 정치적으로 평등한 모든 시민들이 자유롭게 합의할 때, 비로소 그 갈등은 합법적이고 민주적으로 해결될 것이기 때문이다. 따라서 다원주의 사회의 문제는 궁극적으로 자유주의의 제도적 토대 위에서 해결되어야 한다.

가령 한 집단이 다른 집단에게 자신의 정체성을 '인정'해 달라고 요구할 때 나타나는 문화적 갈등은 그 해결이 간단하지 않다. 예컨대 각료 중 하나가 동성애자로 밝혀졌을 경우, 동성애를 혐오하는 사람들은 그의 해임을 요구할 것이다. 이 상황에서 발생하는 갈등은 평등한 시민들의 자유로운 합의, 대의원의 투표, 여론조사, 최고 통치자의 정치적 결단 등의 절차적 방식으로는 잘 해결되지 않는다. 동성애자들이 요구하고 있는 것은 자신들도 사회의 떳떳한 구성원이라는 사실을 다른 구성원들이 인정해 주는 것이기 때문이다.

이처럼 오늘날 자유주의가 직면한 문제는 단순히 개인과 개인의 갈등뿐 아니라 집단과 집단의 갈등을 내포한다. 사회 내 소수 집단들은 주류 집단에게 사회적 재화 중에서 자신들의 정당한 몫을 요구하고, 더 나아가 자신들도 하나의 문화공동체를 형성하고 있는 구성원이라는 사실을 인정하라고 요구한다. 그들이 저항을 통해, 심지어는 폭력을 사용해서라도 자신의 정체성을 인정하라고 요구한다는 사실은 소수 문화가 얼마나 불평등한 관계에 처해 있는지를 여실히 보여준다. 따라서 자유주의가 채택하는 개인주의나 절차주의적 방법으로는 소수자들의 불평등을 실질적으로 해결하지 못한다. 그 해결은 오직 그들의 문화적 정체성을 인정할 때에만 가능할 것이다.

① 다원주의 사회에서 다양한 가치관의 갈등은 개인 간의 합의를 통해서 해결된다.
② 진정한 다원주의는 집단 간의 공평성보다도 개인의 자유와 권리를 우선적으로 보장한다.
③ 다원주의 사회에서 집단 간의 가치관 갈등을 해결하기 위해서는 서로 다른 문화적 정체성을 인정해야 한다.
④ 국가는 개인과 개인 사이의 갈등을 조정·해결할 수 있는 제도적 장치를 마련하여야 한다.
⑤ 국가는 개인들이 추구하는 다양한 가치에 대해 어떤 특정한 입장도 옹호해서는 안 되며 중립적 입장을 취해야 한다.

정답해설 다원주의 사회에서 집단 간의 가치관 갈등을 해결하기 위해서는 서로 다른 문화적 정체성을 인정해야 한다는 것은 제시문의 내용과 부합한다.

오답해설
① 자유주의에 따르면 개인들 사이에 갈등이 빚어질 경우 이를 모든 사람이 수용할 수 있는 합리성에 호소하는 것은 어리석은 일이다. 따라서 중심내용으로 적절하지 않다.
② 개인주의나 절차주의적 방법으로는 다원주의 사회 속에서 발생하는 여러 문제들을 해결하지 못하며, 문화적 정체성을 인정할 때에만 해결할 수 있다고 하였으므로 적절하지 않다.
④ 제시문에서 논의의 대상으로 삼고 있는 것은 단순히 개인 간의 갈등을 조절할 수 있는 제도적 장치 마련에 관한 것이 아니다.
⑤ 개인의 가치나 가치관 충돌 시 취해야 할 입장에 관한 내용은 제시문에서 주장하는 내용이 아니므로 적절하지 않다.

11 다음 글로부터 추론할 수 있는 것은?

물리계 중에는 예측 불가능한 물리계가 있다. 이와 같은 물리계가 예측 불가능한 이유는 초기 조건의 민감성 때문이지, 물리 현상이 물리학의 인과법칙을 따르지 않기 때문은 아니다. 지구의 대기에서 나비 한 마리가 날갯짓을 한 경우와 하지 않은 경우를 비교하면, 그로부터 3주 뒤 두 경우의 결과는 판이하게 달라질 수 있다. 따라서 몇 주일 뒤의 기상이 어떻게 전개될지 정확히 예측하려면 초기 데이터와 수많은 변수들을 아주 정밀하게 처리해야만 한다. 그러나 아무리 성능이 뛰어난 컴퓨터라고 해도 이를 제대로 처리하기 어렵다. 초기 상태가 완전히 파악되지 못한 물리계의 경우, 초기 데이터의 불완전성은 이 물리계의 미래 상태에 대한 예측의 정밀도를 훼손할 것이다. 그리하여 예측은 시간이 흐를수록 점차 부정확해지지만, 부정확성이 증가하는 양상은 물리계마다 다르다. 부정확성은 어떤 물리계에서는 느리게, 어떤 물리계에서는 빠르게 증가한다.

부정확성이 천천히 증가하는 물리계의 경우, 기술 발전에 따라 정밀하게 변화를 예측하는 데 필요한 시간은 점점 더 줄어들 것이다. 그러나 부정확성이 빠르게 증가하는 물리계의 경우, 예측에 필요한 계산 시간은 그다지 크게 단축되지 않을 것이다. 흔히 앞의 유형을 '비카오스계'라고 부르고 뒤의 유형을 '카오스계'라고 부른다. 카오스계는 예측 가능성이 지극히 제한적이라는 것이 그 특징이다. 지구의 대기 같은 아주 복잡한 물리계는 카오스계의 대표적인 사례이다. 그러나 연결된 한 쌍의 진자처럼 몇 안 되는 변수들만으로 기술할 수 있고 단순한 결정론적 방정식을 따르는 물리계라 하더라도, 초기 조건에 민감하며 아주 복잡한 운동을 보인다는 점은 놀라운 일이다.

카오스 이론은 과학의 한계를 보여주었다고 단언하는 사람들이 적지 않지만, 자연 속에는 비카오스계가 더 많다. 그리고 카오스계를 연구하는 과학자들은 자신들이 막다른 골목에 봉착했다고 생각하지 않는다. 카오스 이론은 앞으로 연구가 이루어져야 할 드넓은 영역을 열어주었고, 수많은 새로운 연구 대상들을 제시한다.

① 연결된 두 진자로만 구성된 물리계는 카오스계가 아니다.

② 이해가 아닌 예측이 자신의 주요 임무라고 생각하는 과학자에게 카오스계의 존재는 부담이 될 것이다.

③ 슈퍼컴퓨터의 성능이 충분히 향상된다면, 기상청은 날씨 변화를 행성의 위치만큼이나 정확하게 예측할 것이다.

④ 부정확성이 빠르게 증가하는 물리계에 동일한 물리법칙이 적용되는 경우 변화를 예측하는 데 필요한 시간은 감소한다.

⑤ 카오스 현상은 결정론적 법칙을 따르지 않는 물리계가 나비의 날갯짓처럼 사소한 요인에 의해 교란되기 때문에 생기는 현상이다.

정답해설 제시문에 따르면 카오스계는 예측 가능성이 지극히 제한적이라고 하였다. 이를 통해 예측이 자신의 주요 임무라고 생각하는 과학자들에게 있어 카오스계는 부담이 될 것이라는 추론이 가능하다.

오답해설 ① 둘째 문단에 따르면 연결된 한 쌍의 진자는 카오스계에 해당한다.
③ 정확한 예측을 위해서는 초기 데이터와 수많은 변수들이 정밀하게 처리되어야 하지만 아무리 뛰어난 성능의 컴퓨터라고 해도 이를 제대로 처리하기는 어렵다고 하였으므로 적절한 추론이 아니다.
④ 부정확성이 빠르게 증가하는 물리계에 동일한 물리법칙이 적용되는 경우, 변화를 예측하는 데 필요한 시간은 그다지 크게 단축되지 않을 것이라고 하였다.
⑤ 제시문에서는 물리계가 예측 불가능한 이유는 초기 조건의 민감성 때문이지, 물리 현상이 물리학의 인과법칙을 따르지 않기 때문은 아니라고 하였다.

12 다음 글의 내용상 가장 적절한 문단 배열은?

(가) 이 개연성을 가로막는 요소가 하나 있다. 그것은 모세를 시조로 하는 유대인의 종교와 이집트인의 종교 사이에 첨예한 대립이 나타난다는 사실이다. 유대인의 종교는 엄격한 유일신교다. 이 종교에는 유일한 신이 있을 뿐이다. 그것만이 유일하고 전지전능한 신, 접근 불가능한 신인 것이다. 반면 이집트 종교에는 신격(神格)과 기원에 따라 무수한 신들이 있다. 하늘, 땅, 해, 달 같은 위대한 자연력을 위인화한 신도 있고 '진리'나 '정의'에 해당하는 추상적인 신이 있는가 하면 난쟁이 모습으로 희화한 신도 있다.

(나) 모세가 이집트인이었다고 한다면……. 이 가정에서 도출될 수 있는 것은 해명이 불가능한 또 하나의 수수께끼다. 한 민족이나 부족이 그 동아리에게는 실로 중대한 대사업을 벌일 경우에 그 동아리는 지도자를 세울 터인데, 이 지도자를 세우는 방법은 두 가지밖에 없다. 한 사람이 스스로 지도자 자리를 차지하는 방법과 동아리가 한 사람을 지도자로 선발하는 방법이 그것이다. 그러나 귀족 신분의 이집트인으로 하여금 외국에서 이주해 온 이방인 무리의 선두에 서게 하고, 이집트를 버리고 떠나게 만든 상황을 추측하기는 쉬운 일이 아니다. 더구나 이집트인들이 타국인들을 경멸했던 것으로 익히 알려진 것만 보아도 그런 이주의 형식은 도무지 가능해 보이지 않는다. 바로 이런 점 때문에 모세라는 이름이 이집트에서 온 것을 인정하는 역사가들조차 모세가 이집트인이었다는 분명한 개연성을 받아들이기를 꺼려하는 것이다.

(다) 모세가 이집트인이었다는 가설이 결실을 맺을 날이 오는 것이 우리의 희망이다. 그러나 우리가 그 가설에서 이끌어낸 "모세가 유대인에게 베푼 종교는 자신이 신봉하던 이집트 종교"라는 결론은 상호 모순되는 두 종교의 본질에 대한 우리들의 자각에 일대 혼란을 일으킨다.

(라) 이 같은 차이점 중 일부는 엄격한 유일신교와 자유분방한 다신교의 원칙적인 대비를 통해서도 간단하게 도출될 수 있다. 다신교가 원시적인 단계에 가까운데 견주어 일신교는 추상화를 통해 고도로 상승한 단계에 있었던 만큼, 영적이고 지적인 차원이 서로 달라서 생기는 상위점도 얼마든지 있을 수 있다. 바로 이런 요인 때문에 모세교와 이집트 종교의 대립은 의도적인 대립, 고의적으로 첨예화된 대립이었다는 인상을 받을 수 있다. 가령 모세교는 모든 종류의 마법과 주술을 준엄하게 단죄한 데 견주어 이집트 종교 안에서는 이런 것들이 오히려 풍부하게 촉진되었다. 흙과 돌과 금속으로 신들의 모형을 빚는 이집트인들의 탐욕스러운 미각은 살아 있는 것이나 상상속의 물건을 빚어서는 안 되는 엄격한 금제와 첨예하게 대립했다.

(마) 이 첫 번째 난문제에 이어 다른 난문제가 꼬리를 문다. 모세는 이집트에서 살고 있던 유대인들의 정치 지도자였을 뿐만 아니라 그들에게 새로운 종교 신앙을 강제한 사람이었다. 하지만 한 개인에게 새로운 종교를 창조하는 일이 가능한 일일까? 그리고 한 사람이 타인의 종교에 영향을 미치려면 먼저 그들을 자기의 종교로 개종시키는 것이 가장 자연스러운 것이 아닐까? 이집트의 유대인들에게 어떤 형태의 종교가 없는 것은 아니었을 것이다. 이들에게 새로운 종교를 마련해 준 모세가 이집트인이었다면, 우리는 그가 마련한 이 종교가 이집트 종교였다는 가정을 뿌리칠 수 있을 것인가?

① (가) – (나) – (다) – (라) – (마)
② (나) – (마) – (가) – (다) – (라)
③ (나) – (마) – (가) – (라) – (다)
④ (다) – (가) – (마) – (라) – (나)
⑤ (다) – (나) – (가) – (마) – (라)

정답해설 (가)에서는 특정한 개연성을 가로막는 요소, 즉 유대인의 종교는 엄격한 유일신 사상이 바탕인데 반하여 이집트인의 종교에는 자연력을 의인화한 신을 비롯한 무수한 신들이 존재한다는 점을 기술하고 있다. (나)는 '모세가 이집트인이었다고 한다면…'이라는 가설을 제시하는 문단으로 이것이 해명 불가능한 수수께끼라고 말하고 있다. (다)는 모세가 이집트인이었다는 가설을 사실로 받아들일 수 있게 될 날을 희망하지만 모세교와 이집트교가 가지는 차이로 인해 혼란이 야기된다고 언급하고 있다. (라)는 유일신교와 다신교의 대비에 대해 말하며, 모세교와 이집트 종교의 대립은 의도적인 대립이었다는 인상을 받을 수 있다고 말하고 있다. (마)는 모세가 이집트에 살고 있던 유대인들의 정치 지도자였고 그들에게 새로운 종교 신앙을 강제한 사람이었다는 점을 들어 모세가 이집트인이란 가설이 갖는 또 다른 문제에 관하여 말하고 있다. 이를 통해 순서를 유추해 보면 (나) – (마) – (가) – (라) – (다)임을 알 수 있다.

13 다음 글에 제시된 한국 친족지칭어의 구성 원리를 통해 볼 때, 자신이 진외종숙(陳外從叔)과 증대고모(曾大姑母)라고 지칭하는 친족원이 누구인지 바르게 짝지어진 것은?

한국의 친족지칭어는 거의 한자어로 이루어져 있다. 그 중 단일한자로 구성된 친족지칭어는 부(父), 형(兄), 처(妻) 등과 같이 소수에 불과하며, 대다수는 형수(兄嫂), 제수(弟嫂), 고모부(姑母夫)와 같이 2개 이상의 개별 한자들의 결합으로 구성되어 있다.

복수의 한자어로 구성된 친족지칭어는 '친족관계를 지시하는 유의미한 최소단위'인 친족형태소가 결합된 형태를 취하는데, 친족형태소는 크게 두 부류로 나뉠 수 있다. 하나는 독립적으로 개별 친족용어의 구성요소가 될 수 있는 부(父), 형(兄), 수(嫂)와 같은 명사적 형태소이다. 다른 하나는 특정 친족관계의 지시와는 무관하고 독립적으로 친족용어의 구성요소가 될 수 없는 대(大), 고(高), 종(從)과 같은 관형사적 형태소이다.

관형사적 형태소는 크게 세 부류로 나뉠 수 있다. 첫 번째는 자신과 친족원과의 세대 차이를 표현하는 것으로서, 대(大)는 자신으로부터 2세대 높거나 낮은 친족원을, 증(曾)이나 증대(曾大)는 3세대 높거나 낮은 친족원을, 고(高)는 4세대 높은 친족원을 지시한다. 두 번째는 방계의 정도를 지시하는 것으로서, 종(從)은 한 세대 위에서 방계로 나뉜 친족원임을, 재종(再從)은 두 세대 위에서 방계로 나뉜 친족원임을 지시한다. 세 번째는 출계집단을 구별하는 형태소로서, 외(外)는 어머니쪽 친족원을, 진외(陳外)는 아버지의 어머니쪽 친족원을 지시한다.

관형사적 형태소는 명사적 형태소와 결합하여 친족지칭어를 구성한다. 아버지의 남자동생(형제)을 지시하는 형태소 숙(叔)을 예로 들면, 종숙(從叔)은 아버지보다 한 세대 위에서 방계화된 친족원임을 보여주는 형태소 종(從)과 숙(叔)의 결합형으로서, 조부(祖父)의 남자형제의 아들을 지시하며, 외숙(外叔)은 외(外)와 숙(叔)의 결합을 통해 어머니의 남자형제를 지시한다.

	진외종숙(陳外從叔)	증대고모(曾大姑母)
①	친할머니의 남자형제의 아들	고조부의 여자형제
②	외할머니의 남자형제의 아들	고조부의 여자형제의 딸
③	외할머니의 남자형제의 아들	증조부의 여자형제
④	친할머니의 남자형제의 아들	증조부의 여자형제
⑤	친할머니의 남자형제의 손자	고조부의 여자형제

정답 해설 진외(陳外)는 아버지의 어머니, 즉 할머니쪽 친족원을 지시한다는 것을 알 수 있으며, 종숙(從叔)은 아버지보다 한 세대 위에서 방계화된 친족원임을 보여주는 형태소 종(從)과 숙(叔)이 결합된 것으로 조부의 남자형제의 아들을 지시한다는 내용을 통해 친할머니의 남자형제의 아들임을 알 수 있다.

증대고모의 경우 세대를 나타내는 형태소 증대와 방계의 정도를 지시하는 형태소 고모가 결합된 것으로 증(曾)이나 증대(曾大)는 3세대 높거나 낮은 친족원이라는 내용과 아버지쪽 여자형제를 고모라고 지칭하는 것을 통해 증조부의 여자형제를 나타냄을 알 수 있다. 따라서 진외종숙은 '친할머니의 남자형제의 아들', 증대고모는 '증조부의 여자형제'이다.

14 다음 〈보기〉 중 아래의 글이 의미하는 내용이 <u>아닌</u> 것을 모두 고르면?

인적판매는 판매원과 예상고객 사이의 대인적 커뮤니케이션으로서 자사의 제품과 서비스에 대한 구매요구에 영향을 미치는 것을 말한다. 다른 마케팅 커뮤니케이션(매체광고의 경우 수백만 소비자를 대상으로 함)과는 달리 개인과 개인 사이의 상호작용(interpersonal interactions)이 포함된다. 인적판매의 근본적인 목적인 도 · 소매상에게는 마케팅 지원을, 소비자에게는 제품의 사용, (판매 후)A/S를 제공하는 것이다.

인적판매는 대인 접촉에 의해 이루어지므로 고객이 높은 수준의 주의를 기울인다. 판매원이 고객 개개인에 따라 메시지를 차별화, 즉 고객맞춤(customization)이 가능하다. 쌍방향의 커뮤니케이션이므로 고객으로부터 즉각적인 피드백을 얻을 수 있어, 유능한 판매원이라면 지금 자기가 하고 있는 판매활동이 효과가 있는가를 즉석에서 파악할 수 있다. 인적판매는 다른 마케팅 커뮤니케이션보다 훨씬 많고 복잡한 제품 정보를 전달할 수 있다. 고객과 빈번하게 접촉하여 장기적인 관계를 형성하고 상호 이익을 높일 수 있는 방향으로 나아갈 수 있다.

인적판매의 주요한 단점은 한 번에 한 사람의 고객과 접촉하므로 다른 촉진에 비하여 비용이 많이 든다는 점이다. 인적판매의 성과만을 고려하여 평가한다면 가장 효과적인 촉진 방법이지만, 그러나 비용을 대비한 성과로 평가한다면 효율성이 떨어진다. 따라서 인적판매와 다른 촉진활동(광고나 판매촉진)에 예산을 배분함으로써 촉진의 유효성과 효율성에 균형을 이루어야 한다.

보기

ㄱ. 인적판매는 판매원과 고객 사이의 상호작용이 포함된 대인적 커뮤니케이션이다.
ㄴ. 인적판매는 다른 마케팅 커뮤니케이션에 비해 고객에게 많은 정보를 전달하기 어렵다.
ㄷ. 인적판매의 성과가 다른 촉진수단에 비해 성과가 높으므로 예산을 우선적으로 배정해야 한다.

① ㄱ, ㄴ   ② ㄱ, ㄷ
③ ㄴ, ㄷ   ④ ㄴ
⑤ ㄷ

ㄴ. 인적판매는 고객으로부터 즉각적 반응을 살필 수 있으며 다른 마케팅 커뮤니케이션보다 복잡하고 다양하게 제품 정보를 파악할 수 있다는 장점이 있다고 하였으므로 제시문과 부합하지 않는다.

ㄷ. 인적판매는 다른 촉진에 비하여 비용이 많이 들고, 비용을 대비한 성과로 평가할 경우 효율성이 떨어지므로, 인적판매와 다른 촉진활동에 예산을 배분하여 촉진의 유효성과 효율성에 균형을 이루어야 한다고 하였다. 따라서 제시문과 부합하지 않는다.

오답해설
ㄱ. 제시문에서 인적판매란 판매원과 예상고객 사이의 대인적 커뮤니케이션이라고 하였다. 따라서 'ㄱ'의 내용은 제시문의 내용과 부합한다.

---

15 다음은 아인슈타인의 사고와 창의성에 관한 설명이다. 다음 글의 내용과 거리가 가장 <u>먼</u> 글은?

아인슈타인은 사고를 다음과 같이 정의했다.

"개념의 조작, 즉 개념들 사이에 공고한 기능적 관계를 만들고 사용하는 것이고, 이러한 개념들에 감각 경험을 배분하는 것이다."

사고에 관한 아인슈타인의 말은 헬름홀츠가 1894년에 쓴 「우리의 감각 인상의 기원과 바른 해석」에서 제시한 사고에 대한 분석과 거의 똑같고, 시각 이미지가 〈개념〉이라고 한 말은 1897년의 볼츠만의 정의와도 같다.

그러나 아인슈타인의 관점은 헬름홀츠의 관점과 두 가지 본질적인 이유에서 다르다. 첫째, 아인슈타인에게 사고는 〈개념을 가지고 자유롭게 노는 것〉이고, 이것은 푸앵카레의 관점과 비슷하다. 둘째, 감각 경험과 개념 사이의 관계 조정은 감각 데이터 또는 실험 데이터와 정확한 물리 법칙 사이에 놓여 있는 심연을 직관에 의해 뛰어넘음으로써만 가능하다.

아인슈타인은 우리의 창조적 사고가 본질적으로 비언어적이라고 생각한 듯하다. 그는 이렇게 말했다. 〈어떻게 우리는 경험에 대해 자발적으로 '놀라워할' 수 있는가?〉 아인슈타인은 〈놀라워한다〉는 말의 뜻을 최대한 정교하게 했다. 놀라움은 〈어떤 경험이 이미 우리 속에 충분히 정착된 세계 개념과 충돌할 때 일어난다.〉 예를 들어 아인슈타인은 자기가 대여섯 살 때 나침반을 보고, 바늘이 마치 보이지 않는 손에 잡힌 듯이 한 방향을 유지하는 것을 〈놀라워한〉 기억을 회상했다. 이 이미지는 그에게 큰 영향을 주어서, 그는 물리학을 패러데이와 맥스웰이 기초한 것과 같은 장이론으로 정식화하는 것을 좋아하게 되었다. 장이론은 접촉에 의한 작용을 추상화한 것이다.

직관에 대한 아인슈타인의 세 가지 정의는 〈놀라움〉이라는 말의 용법에 모두 융합된다. 아인슈타인이 직관이라는 용어를 자주 사용하기 시작한 것은 「복사의 존재와 구성에 관한 우리의 직관의 발전에 관해」(1909)에서였다. 소제목이 보여 주듯이, 아인슈타인은 이 논문에서 오랫동안 받아들여졌던 빛의 파동론과 자기가 1905년에 발표한 입자론, 즉 광양자론 사이의 직관의 괴리를 다루었다. 아인슈타인은 특수상대성이론이 새로운 시공간 개념을 가지고 있음에도 뉴턴 역학의 연장이라고 생각했고, 나중에 두 이론의 연속성을 주장했다.

① 아인슈타인은 새로운 시공이론인 상대성이론을 완성하였는데, 이것은 뉴턴 역학과는 비교할 수도 없는 완전히 새로운 것이었다.

② 아인슈타인은 특정 경험이 우리가 지니고 있는 기존 개념과 충돌을 할 때 놀라움이 일어난다고 보았다.

③ 아인슈타인에게서 창조적 사고는 본질적으로 비언어적인 것이었다.

④ 아인슈타인의 사고에 대한 생각은 헬름홀츠, 볼츠만과 유사한 측면이 있긴 하지만, 푸앵카레의 관점과 비슷한 측면이 더 많다.

⑤ 실험데이터와 정확한 물리법칙 사이에 모순이 나타날 때 직관 및 시각적 이미지를 바탕으로 창조적인 사고로 만들어나가는 것은 아인슈타인의 태도와 유사하다.

정답해설 제시문에서 아인슈타인은 특수상대성이론이 새로운 시공간 개념을 가지고 있음에도 뉴턴 역학의 연장이라고 생각했다고 하였다. 따라서 ①의 내용은 제시문과 거리가 멀다.

16 다음의 두 가지 사례에 대한 설명으로 옳지 <u>않은</u> 것은?

〈사례1〉

영국을 중심으로 먼저 발전한 자본주의가 전 세계로 퍼져 나가면서 많은 변화를 가져왔다. 먹기 위해 농사를 짓던 제3세계의 농민들은 시장에 내다 팔 수 있는 환금 작물을 경작하기 시작했고, 이로 인해 농민의 생활은 세계 곡물시장의 가격 변동에 직접적인 영향을 받게 되었다. 자본주의의 가공할 만한 힘은 북미 에스키모 지역에까지 파급되어 그들의 삶의 방식을 바꾸기 시작했다. 에스키모인들은 전통적으로 자신들이 필요한 만큼의 비버(beaver)를 잡아 그 고기와 가죽을 생필품으로 사용해 왔다. 그러나 자본주의의 영향으로 비버 가죽에 대한 서구 사람들의 수요가 급증함에 따라서 가격도 오르게 되었다. 그들은 비버를 더 많이 사냥하여 시장에 내다 팔기 시작하였고, 몇 년 동안 이러한 상황이 계속되자 사냥감이 점점 줄어들게 되었다. 에스키모인들은 이대로 사냥을 계속하면 비버가 곧 멸종하여 자신들이 실생활에서 사용할 가죽조차 얻지 못하게 될지도 모른다는 위기감을 느끼기 시작했다. 그렇지만 다른 사람들이 포획량을 줄이지 않는데 자기 자신만 줄인다면 손해라고 생각한 그들은 계속 그대로 사냥을 했다. 마침내 에스키모의 지도자들은 여러 차례 회의를 거쳐 이 문제의 해결 방안으로 각자에게 사냥영토를 정해 주기로 결정했다. 비버가 서식지를 자주 옮겨 다니지 않기 때문에 사냥영토를 정해주면 자신들의 영토에서 비버가 멸종되지 않도록 사냥을 줄일 것이라는 점에 착안한 것이다.

〈사례2〉

1960년대 중반 일본의 토야마 항만(Toyama Bay)에는 어민 조합이 생긴 이래 지금까지 성공적으로 운영되고 있다. 여기에 가입한 어민들은 고기와 새우를 잡아 생긴 수입을 서로 나누어 갖고, 그물 수선비와 선박 운영비 등의 비용을 공동으로 부담한다. 이들은 수입만 나누는 것이 아니라, 매일 고기가 많이 잡히는 장소와 잡는 방법 등을 서로 가르쳐준다. 교육을 더 받은 사람들은 최신 초음파 장비 등의 사용법을 다른 어민에게 가르쳐 주며, 선배 어부는 후배 어부에게 오랜 경험의 비법을 전수한다. 이처럼 수입과 비용을 공유하는 것은 어민들로 하여금, 전혀 못 잡을 위험부담은 있지만, 더 많은 고기가 잡히는 곳으로 출항할 수 있게 한다. 정보의 공유는 어선 사이에서 생길 수 있는 어획량의 차이를 줄이는데 기여한다. 조합은 또한 고기를 한 마리도 잡지 못했을 경우에조차도 수입을 나누어 갖도록 하는 사회보험 기능까지도 수행할 수 있었다.

① 〈사례1〉은 공공재화에 대하여 사적 권리를 설정함으로써 집합 행동의 문제를 해결하려고 하였다.

② 〈사례2〉의 어민조합은 사유재산을 연합하여 공동으로 관리함으로써 공동체적 방식으로 삶을 영위하고 있다.

③ 호혜적 협력에 기반한 어민 조합의 규율은 어민들 간 수입의 격차를 감소시킨다.

④ 에스키모인들에 비해 어민조합의 방식이 보다 효율적이라고 할 수 있다.

⑤ 어민조합 구성원들 사이에서는 열심히 일하지 않는 어부가 공동으로 지출하는 비용을 속이는 경우도 생길 수 있다.

정답해설 〈사례1〉과 〈사례2〉는 각자의 상황에 따라 합리적으로 문제를 해결한 사례일 뿐이므로 어느 것이 더 효율적인지 평가할 수 없다.

오답해설 ① 비버가 서식지를 자주 옮겨 다니지 않기 때문에 사냥영토를 정해주면 자신들의 영토에서 비버가 멸종되지 않도록 사냥을 줄일 것이라는 점에 착안하여 각자에게 사냥영토를 정해 주기로 결정했다는 부분을 통해 알 수 있다.

② 어민조합에 가입한 어민들은 획득한 수입을 서로 나누어 가졌으며, 그물 수선비와 선박 운영비 등의 비용을 공동으로 부담했다는 것을 통해 알 수 있다.

③ 고기잡이와 관련한 정보의 공유는 어선 사이에서 생길 수 있는 어획량의 차이를 줄이는 데 기여했다는 부분을 통해 알 수 있다.

⑤ 조합은 고기를 한 마리도 잡지 못했을 경우조차도 수입을 나누어 갖도록 하는 사회보험 기능까지도 수행했으므로 어민조합 구성원들 사이에 열심히 일하지 않는 어부가 공동으로 지출하는 비용을 속이는 경우도 생길 수 있다는 내용을 추론할 수 있다.

17 〈보기〉의 단락을 다음 글에 넣는다고 할 때 글의 흐름으로 보아 가장 적절한 곳은?

(가) 비록 몇몇 중요한 예외가 있기는 하지만, 일반적으로 소규모 회사이든 고독한 '차고의 발명자'이든 간에, 덩치가 작은 것들이 대기업보다 훨씬 더 혁신적이었다(적어도 이것은 미국의 주요 연구소 관리자 16명이 작성한 연구보고서의 결론인데, 그들은 모두 유니언 카바이드나 제록스 같은 대기업 출신으로서, 1967년 봄 존슨 대통령과 미 의회에 기술혁신에 관한 보고를 했다.). 한 사례를 인용하면, 알루미늄 생산 프로세스에 있어 7개의 큰 혁신 중 오직 한 개만 대기업에서 나왔다. 나머지 6개는 주로 개인들 또는 소기업들의 연구로부터 나왔다.

(나) 그렇다면 규모가 큰 기존의 회사는 새로운 것, 작은 것, 그리고 성장하는 것을 위해서는 대체로 좋은 환경이 아니었다고 할 수 있다. 분명 가장 생산성이 낮은 연구 환경은 정부가 지원하는 연구소로서, 거의 원칙적으로 그것은 '대규모 연구소'다. 규모가 큰 대학원 연구소든 대기업의 연구소든 간에, 오늘날 미국의 연구소에 근무하고 있는 모든 과학자 및 기술자 중 비록 5분의 4 정도는 정부의 연구비를 받고 있지만, 새로운 아이디어와 신지식과 신제품 전체에서 그들이 기여한 몫은 분명 5분의 1도 채 안된다.

(다) 그러나 오늘날 미국의 세법은 기존의 규모가 크고 역사가 오랜 기업에 자본이 머물도록 하기 위해 많은 혜택을 주고 있다. 사실 세법은 독점을 유지하기 위하여 지금껏 고안된 것 가운데 가장 강력한 제도다. 경쟁력의 집중을 방지하기 위해, 그리고 대기업이 덩치를 더 키우지 못하도록 하기 위해, 반트러스트주의자들이 아무리 적극적으로 노력한다 해도 세법은 결국 그들을 좌절시키고 만다. 배당금으로 지급된 기업이익에 대한 이중과세(기업의 법인세로 한 번, 그리고 배당금을 받은 개인에 대한 소득세로 또 한 번)는 기존의 기업에, 그리고 특히 기존의 대기업에 자본이 유보되는 것이 유리하게 할 뿐만 아니라 장려하는 결과를 낳고 있다. 어떤 주주의 총 수익이 연 8,000 달러 이하인 경우, 그는 자신의 투자자본에 대한 회수방법으로써 배당금을 지급받기보다는 자본소득 증가 형태(배당금만큼 주가가 상승된)로 두는 것이 더 유리하다. 그러므로 대다수의 주주들은 자신들이 투자한 회사가 배당금을 지급하지 말고, 그 유보금을 회사를 위해 재투자하기를 바란다. 그것은 전체 경제에 투입된 자본 가운데 점점 더 많은 부분이 신규 참여자, 즉 중소 유망기업과 개인 혁신가에게 유입되지 않는다는 것을 의미한다.

(라) 놀라운 사실은, 이처럼 역사가 오래 된 큰 기업들이 스스로 생존해 왔다는 사실에 있
는 것이 아니다. 그러한 세법에도 불구하고 많은 신규 중소기업들이 탄생할 수 있었
고, 1930년대의 그 많은 '거대기업들'이 오늘날 아예 사라졌거나 미미한 존재로 전락
해, 40년(또는 심지어 25년) 전만 해도 아무도 알아주지 않았던 신참 기업에 비해 상
대적으로 별로 중요하지 않게 된 수준까지 성장할 수 있었다는 것이다. 그러나 우리는
신의 섭리가 영원히 인간의 어리석음으로부터 구제해 주실 것을 기대할 수는 없다.

보기

　기술혁신이 활성화되고, 빠르고, 중요하게 평가될 가능성이 큰 시대에는, 중소기업들이
탄생하고 성장할 수 있는 환경을 형성하는 것이 결정적으로 중요할 것이다. 그런데 이는
자본의 조달이 중요하다는 것을 의미한다. 혁신을 하기 위해서는 비용이 많이 들 뿐만 아
니라 혁신에 투입된 매 1달러마다 혁신의 결과를 제품, 프로세스 또는 서비스로 개발하는
데 10달러씩 투입되어야 할 것이다. 신제품이 단 1센트라도 이익을 내기까지는 그 제품을
생산하고 판매하는 데 한층 더 많은(연구에 투자된 매 1달러에 대해 100달러에 가까운)
투자가 필요할지도 모른다.

① (가) 단락의 앞　　　　　　　② (나) 단락의 앞
③ (다) 단락의 앞　　　　　　　④ (라) 단락의 앞
⑤ (라) 단락의 뒤

정답
해설　〈보기〉는 기술혁신이 활성화되고, 신속하고 중요하게 평가될 가능성이 큰 시대에는 중소기업들이 탄
생하고 성장할 수 있는 환경을 형성하는 것이 중요하며, 신제품이 단 1센트라도 이익을 내기까지는 더
많은 투자가 필요하다고 말하고 있다. (가)와 (나)가 덩치가 작은 중소기업과 대기업의 차이점에 대해
말하고 있다는 점과 (다)의 시작이 '그러나'로 시작한다는 점으로 미루어볼 때 〈보기〉는 (다)단락의 앞에
들어가야 적절하다.

18 다음 글을 바르게 이해하지 못한 것은?

삼가 들으니, '땅으로 넘어진 사람은 땅으로 인하여 일어난다.'고 하였으므로, 땅을 떠나 일어나려는 것은 될 수 없는 일이다. 일심(一心)을 깨닫지 못하여 끝없는 번뇌를 일으키는 이는 중생이요, 일심을 깨달아 끝없는 묘용(妙用)을 일으키는 이는 부처이다. 미혹함과 깨달음이 비록 다르다 하더라도 요(要)는 일심으로 말미암은 것이니, 마음을 떠나 부처를 구하는 것은 될 수 없는 일이다.

그러나 우리들은 아침저녁으로 행한 것을 돌이켜 본즉, 불법을 핑계로 나와 남을 구별하여 이익을 도모하기에 급급하고 풍진(風塵)같은 세상일에 골몰하여 도덕을 닦지 않고 의식(衣食)만을 허비하였다. 그런즉 비록 출가하였다고는 하나 무슨 득이 있겠는가. 아아! 무릇 이 세상을 떠나려 하면서도 속세를 벗어난 수행을 하지 못하면, 한갓 필부(匹夫)에 그칠 뿐 대장부의 뜻을 세우는 것은 가능하지 않다. 내가 오래 전부터 이를 크게 탄식했다.

그러다가 어느 날 법회에 참석하게 되었는데, 마음이 맞는 동학(同學) 십여 인과 더불어 '이 모임을 파한 후에 마땅히 명예와 이익을 버리고 산림에 은둔하여 항상 선정(禪定)을 익히고 지혜를 닦는 데 힘쓰며, 예불하고 불경 읽기와 노동하기에 힘쓰자.'고 결의하였다. 하지만 그 뒤 사방으로 뿔뿔이 흩어져 혹은 죽기도 하고, 혹은 병들기도 하고, 혹은 명리(名利)를 구하여 모이지 않으므로 그 기약을 이루지 못한 지가 십 년이 되었다.

이제 남은 승려 삼사 인과 함께 원하노니, 불교나 유교 간에 세속을 싫어하고 뜻이 높은 사람으로서 번뇌를 벗어나 마음 닦는 도에 전념하려는 뜻을 가진 이라면 비록 지난 날 결의한 인연이 없다 해도 이제 함께 결사(結社)에 동참하기를 허락한다. 비록 한자리에 모여 공부하지는 못하더라도 항상 생각을 모아 마음을 관조하는 데 힘쓰면서 함께 바른 인연을 닦아 나간다면, 불경에서 이른 바 '들끓는 마음이 쉬는 곳이 바로 보리(菩提)이다. 성(性)이 깨끗해지고 오묘해지는 것은 남에게서 얻어지는 것이 아니다.'라고 하는 것과 같아질 것이다.

① 중생의 미혹함과 부처의 깨달음은 '일심'에서 갈린다.
② '대장부의 뜻을 세우는 것'은 '부처를 구하는 것'에 해당한다.
③ '끝없는 번뇌'가 일어나는 것은 '일심'을 깨닫지 못했기 때문이다.
④ 출가하여 '바른 인연'을 닦기 위해 한자리에 모여야 깨달음을 얻을 수 있다.
⑤ '속세를 벗어난 수행'을 함으로써 '들끓는 마음이 쉬는 곳'에 이를 수 있다.

제시문에서는 한자리에 모여 공부하지 못하더라도 항상 생각을 모아 마음을 관조하는데 힘쓰며 바른 인연을 닦아나가면 보리에 이를 수 있다고 하였으므로 ④는 제시문과 부합하지 않는다.

19 19세기 유럽의 경제성장에 대한 보고서를 작성하기 위해 관련된 〈경제 이론〉과, 19세기 유럽 경제에 관한 〈역사적 사실〉을 다음과 같이 정리 · 수집하였다. 〈경제 이론〉과 〈역사적 사실〉로부터 추론할 수 <u>없</u>는 것은?

〈경제 이론〉

1. 생산 요소는 자원 · 노동 · 자본으로 삼분할 수 있다.
2. 생산성의 결정요인 중 인적자본은 지식 또는 숙련에 대한 투자에서 창출된다.
3. 인구는 기하급수적으로 증가하나 식량 공급은 산술급수적으로 증가하는 경향이 있기 때문에 결국 인간은 최저생활수준을 영위할 수밖에 없다.
4. 경제성장을 분석하기 위해서는 생산의 결정요인을 다양하게 분류할 필요가 있다. 총생산은 자원 · 인구 · 자본 · 기술 · 제도의 함수로 상정될 수 있다.
5. 한 사회가 자원을 최대한 사용하고 있을 경우, 경제성장을 위해서는 생산성을 높이는 기술적 · 제도적 측면에서의 혁신이 필요하다.
6. 농업 생산성이 증가하면 적은 노동력에만 농업 부문에 투입할 수 있게 되어 타 부문에 투입될 수 있는 잉여노동력이 생기게 된다.

〈역사적 사실〉

ㄱ. 유럽의 인구는 1730년경부터 증가하기 시작하여 19세기에 들어서 약 2억 명에 달하였다.
ㄴ. 유럽에는 광물자원이 풍부하고, 새로운 자원 확보를 위한 활동도 활발하였다. 한편 의무교육의 원리가 프랑스 혁명에 의해 보급되었으나, 19세기 말까지는 유럽 각국에서 큰 발전을 이루지는 못했다.

ㄷ. 증기기관의 제작기술은 19세기에 들어 중대한 발전을 이룩하여 증기기관의 동력과 열
효율이 대폭 증대되었다.

ㄹ. 프랑스 혁명으로 봉건제의 잔재가 일소되었으며, 나폴레옹 법전에 의하여 보다 합리적
인 법률 제도가 구축되었다.

① 19세기 유럽의 경제성장의 원인으로 인적자본의 축적에 의한 생산성 증가를 제
시하기는 어렵다.

② 19세기 유럽의 경제성장은 풍부한 인구와 자원을 바탕으로 기술 · 제도적 혁신
이 뒷받침되어 가능하였다.

③ 경제 이론 4와 5를 따른다면 경제 이론 1은 19세기 유럽 경제성장의 주요 원인
을 충분히 설명할 수 없다.

④ 19세기 유럽에서 경제 이론 3에 의한 현상이 〈역사적 사실〉에 나타나지 않은
것은 경제 이론 4 또는 5에 의해서 설명할 수 있다.

⑤ 19세기 유럽의 경제성장의 원인으로 농업 생산성 증가로 인한 농업 종사자 비
율 감소가 타 산업 부문의 성장을 유발한 것을 들 수 있다.

정답해설 제시문의 〈역사적 사실〉 어느 부분에서도 ⑤의 내용을 뒷받침할 만한 내용이 나타나 있지 않다.

20 다음 글을 옳게 이해한 것은?

　　일본의 축출을 주장하는 논의 가운데 다음과 같은 것들이 있다. 첫째는 외교론이다. 이 조 오백년 문약(文弱)의 정치는 외교를 호국의 좋은 계책으로 삼았는데, 그 말기에 정도가 대단히 심하여 갑신년 이래 유신당과 수구당의 성쇠가 거의 외국의 도움의 유무에서 판결되었다. 위정자의 정책은 오직 갑국(甲國)을 끌어당겨 을국(乙國)을 제압함에 불과하였고, 그 믿고 의지하는 습성이 일반 정치 사회에 전염되었다. 즉 갑오와 갑신의 두 난리에 일본이 수십만의 생명과 수억만의 재산을 희생하여 청·로 양국을 물리치고 조선에 대하여 강도 같은 침략주의를 관철하여 하는데, '조국을 사랑한다, 민족을 건지려 한다.'고 하는 이들은 고작 탄원서나 열국 공관에 투서하고 청원서나 일본정부에 보내어, 국세(國勢)의 외롭고 약함을 애절하게 호소하여 국가 존망과 민족 사활의 큰 문제를 외국인의 처분으로 심지어 적국인의 처분으로 결정하기만 기다리었도다.

　　그래서 을사조약과 경술합방, 곧 '조선'이란 이름이 생긴 뒤 몇 천 년 만에 처음 당하던 치욕에 대한 조선 민족의 분노의 표시가 겨우 하얼빈의 총, 종로의 칼, 산림유생(山林儒生)의 의병이 되고 말았도다. 그러고도 나라가 망한 이후 해외로 나가는 모모(某某) 지사들의 사상이, 무엇보다도 먼저 외교가 그 제1장 제1조가 되며, 국내 인민의 독립운동을 선동하는 방법도 '미래의 일미전쟁, 일로 전쟁 등의 기회'가 거의 천편일률의 문장이었고, 최근 3·1운동에 일반 인사의 국제연맹과 평화회의에 대한 과신의 선전이 도리어 이천만 민중이 용기 있게 힘써 전진할 의기를 없애는 매개가 될 뿐이었다.

　　둘째는 준비론이다. 을사조약 당시에 열국 공관에 빗발치듯 투서했던 종이쪽지로는 무너져 가는 국권을 붙잡지 못했으며, 정미년의 헤이그 밀사도 독립 회복의 복음을 안고 오지 못했다. 이에 차차 외교에 대하여 의문을 품게 되었고, 전쟁이 아니면 안되겠다는 판단이 생기었다. 그러나 군인도 없고 무기도 없이 무엇으로써 전쟁하겠느냐? 산림유생들은 춘추대의에 실패를 생각지 않고 의병을 모집하여 높은 관을 쓰고 도포를 입은 채 지휘대장이 되어, 사냥 포수의 무리를 모아서 조일전쟁의 전투선에 나섰다. 그러나 신문쪽이나 본 이들, 곧 시세를 짐작한다는 이들은 그리할 용기가 나지 않았다.

　　그들은 '오늘 이 시간에 곧 일본과 전쟁한다는 것은 망발이다. 총도 장만하고 돈도 장만하고 대포도 장만하고 지휘관이나 사병들을 다 장만한 뒤에야 일본과 전쟁해야 한다.'고 주장했다. 이것이 바로 이른바 준비론, 곧 독립전쟁을 준비하자 함이다. 외세의 침입이 더할수록 우리의 부족한 것이 자꾸 나타나, 그 준비론의 범위가 전쟁 이외까지 확장되어, 교육도 진행해야 하겠다. 상공업도 발전해야 하겠다. 기타 무엇무엇 일체가 모두 준비론의 부분이 되었다.

　경술 이후 각 지사들이 혹 서북간도의 삼림을 더듬으며, 혹 시베리아의 찬바람에 배를 채우며, 혹 남경과 북경으로 돌아다니며, 혹 미주나 하와이로 들어가며, 혹 도시나 시골에 출몰하여 십여 년 내외 각지에서 목이 터질 만치 '준비! 준비!'를 불렀지만, 그 소득이 몇 개 허술한 학교와 실력 없는 그 주장의 착오이다. 강도 일본이 정치와 경제 두 방면으로 우리를 괴롭혀 경제가 날로 곤란하고, 생산 기관이 전부 박탈되어 입고 먹을 방책도 단절 되는 때에, 무엇으로 어떻게 실업을 발전하며, 교육을 확장하며, 더구나 어디서 얼마나 군인을 양성하며, 설사 그들을 양성한들 일본 전투력의 백분의 일에 비교라도 될 수 있겠느냐? 실로 한바탕의 잠꼬대가 될 뿐이로다. 이상의 이유에 의하여 우리는 '외교', '준비' 등의 미몽을 버리고 민중 직접 혁명의 수단을 취함을 선언하노라.

① 필자는 고종의 헤이그 밀사 파견을 독립 회복을 위한 준비단계로 간주한다.

② 필자는 산림유생들이 포수들을 모아 조일전쟁에 나선 것은 한바탕의 잠꼬대가 될 뿐이라고 비판한다.

③ 필자는 외교론자들과 준비론자들이 러시아나 미국이 일본과 전쟁할 가능성을 내세워 독립운동을 선동하였다고 본다.

④ 갑오년 농민전쟁의 실패 원인을 필자는 일본의 침략주의에 대항하여 폭력적인 수단을 사용한 데서 찾는다.

⑤ 준비론자들의 국내외 여러 활동에도 불구하고 성과가 미약한 것은 그들의 성의 부족 때문은 아니라고 필자는 생각한다.

정답해설 준비론자들의 성과가 미약한 것에 대해 제시문은 성의의 부족이 아닌 주장의 착오로 인한 것이라고 언급하고 있다.

오답해설 ① 고종의 헤이그 밀사 파견에 대해 언급되어 있는 부분은 준비론이 설명되어 있는 세 번째 문단이다. 그러나 이것은 외교에 대한 의문 제기와 전쟁의 필요성에 대한 자각의 근거가 되고 있으므로 준비론이 아닌 외교론의 단계에 해당한다. 필자는 외교론에 대해 부정적인 입장을 취하고 있다.

② 사냥 포수란 사냥꾼이 아닌 의병 모집에 모인 무리를 뜻하는 것으로, 그만큼 의병들이 가진 무기가 조악하며 그들의 군세가 약하다는 것을 나타내기 위해 사용된 말이다.

③ 외교론자들에만 해당되는 내용이다.

④ 제시문에 따르면 갑오년 농민전쟁의 실패 원인을 일본 침략주의와 조선의 외교주의에 두었다.

21 다음 글의 내용에 부합하는 것은?

어느 때보다 엔지니어들이 많이 존재함에도 불구하고 오늘날 엔지니어들은 이전 시대보다 대중들에게 덜 드러나 있다. 기술적 진보는 당연한 것으로 인정되고, 기술적 실패는 기업의 탓으로 돌려진다. 대중의 시선은 엔지니어들이 아니라 오히려 기업의 대표자나 최고 경영자에게 향한다. 엔지니어들의 이러한 비가시성은 그들로 하여금 대중에 대한 책임감이나 대중과의 교감을 희미하게 만든다. 또한 엔지니어들이 소속된 집단은 거대화되고 조직화되어 있고, 엔지니어는 조직의 봉사자로서의 조직의 지휘에 복종해야 하는 경우가 대부분이다. 엔지니어의 95% 이상이 자영이 아니라 여러 형태와 규모를 지닌 대학이나 연구소, 기업 또는 여타 조직에 고용되어 있다. 이들 엔지니어는 대부분의 경우 상사의 지시를 받는다. 문제는, 엔지니어가 보기에 상사의 지시가 공공의 안전과 복지에 해를 주는 비윤리적인 것일 때 발생한다. 이러한 상황에서 정상적인 대화로 문제가 해결되지 못할 때, 엔지니어는 어려운 상황에 빠진다. 상사의 지시를 따를 것인가, 아니면 원칙에 충실할 것인가? 엔지니어가 따르는 기술적 원칙들은 전문 영역에 속하기 때문에 상사가 이해하기 힘든 경우가 많다. 한편 엔지니어가 저지르는 기술적 오류는 막대한 사회적 피해를 가져올 수 있다. 이 때문에 엔지니어의 딜레마는 다른 전문직의 경우보다 더욱 심각하다.

의료, 법률 등의 거의 모든 전문직에는 윤리적 주제와 연관된 교육 프로그램이 있어서 적절한 윤리적 판단을 내릴 수 있도록 도와준다. 그러나 공학 분야에서는 그러한 윤리적 주제에 관한 교육과 연구를 매우 등한시해왔다. 가장 큰 이유는, 기술은 가치중립적이고, 엔지니어는 기술을 생산하고 운용만 한다고 생각하기 때문이다. 가치와 관련된 판단은 엔지니어들의 영역 바깥에서 이루어진다는 것이다. 게다가 엔지니어들은 그러한 문제에 대한 훈련이 되어 있지 않아 윤리의 영역에 개입하기를 회피하는 까닭에 사회에서도 그들의 윤리적 판단 능력을 무시하는 경향이 있다. 그리하여 기술과 관련된 중요한 문제들이 이를 전혀 알지 못하는 정치가나 사업가들에 의해 잘못 판단되는 경우가 허다하다. 피고용인으로서 엔지니어는 전문 지식을 가졌지만 그들의 지식은 철저히 도구적인 것으로 평가된다. 그들의 중대한 사회적 역할에도 불구하고, 엔지니어들은 중요한 의사결정에서 소외되어 자신의 책임을 다하지 못한다.

① 과학기술의 발달과 대중화로 엔지니어들의 기술적 역할에 대해서는 잘 알려져 있다.

② 엔지니어가 종종 딜레마에 빠지는 이유는, 그들에게 기술 활용에 대한 책임 의식이 없기 때문이다.

③ 엔지니어들은 거대한 기업이나 연구소의 구성원으로서 상사의 지시를 받기 때문에 윤리적 문제에 부딪힐 일이 없다.

④ 오늘날 기술로 인한 문제가 종종 발생하는 이유는, 거의 모든 전문직에 윤리적 주제와 관련된 교육 프로그램이 부재하기 때문이다.

⑤ 일반적으로 사람들은, 엔지니어는 상사의 지시에 따라서 기술적 영역만 잘 담당하면 되고 나머지는 다른 영역에 종사하는 사람의 몫이라고 생각한다.

> **정답해설** 공학 분야는 윤리적 주제에 대한 교육과 연구를 등한시해왔다. 이는 대부분의 전문직이 윤리적 주제와 연관된 프로그램을 마련하는 것과는 다른 태도이다. 제시문에 따르면 그 가장 큰 이유는 기술이 가치중립적인 것으로 판단되는 한편, 엔지니어는 기술을 생산하고 운용만 한다고 생각되기 때문이다. 그리하여 기술과 관련된 문제들은 정치가나 기업가에 의해 판단되고 있다.

22 다음 논증의 빈칸 A, B에 들어갈 진술로 가장 적절한 것은?

1. [전제] 근대 국가들은 인구에 있어서나 지역에 있어서나 고대 희랍의 폴리스에 비하여 수백, 수천 배 이상의 규모를 가지고 있었다.
2. [전제] 직접 민주주의의 시행이 어려운 경우, 대의제가 발달한다.
3. [전제] [A   ]
4. [중간 결론] 그러므로 서구에서 근대 민주주의는 대의제 형태로 발전할 수밖에 없었다.
5. [전제] 정보 사회의 도래로 인류는 공간적인 한계를 점차 극복해가고 있다.
6. [전제] 인터넷과 네트워크 기술의 발달은 대규모의 의견 처리를 가능하게 하고 있다.
7. [전제] 공간적 한계를 극복하고 대규모 의견처리가 가능하면, 직접 민주주의를 시행할 수 있다.
8. [전제] 실현시킬 수만 있다면 직접 민주주의는 대의제보다 더 나은 제도이다.
9. [전제] [B   ]
10. [결론] 머지않은 장래에 직접 민주주의가 다시 도래할 것이다.

① A : 인구와 지역 규모는 정치 제도와 연관되어 있다.
   B : 직접 민주주의는 실현될 수 있는 제도이다.
② A : 인구와 지역 규모가 매우 큰 경우 직접 민주주의는 실현되기 어렵다.
   B : 인류는 더 나은 제도를 선택한다.
③ A : 인구와 지역 규모가 큰 경우 대의제를 통해 민주 체제를 실현할 수 있다.
   B : 인터넷과 네트워크 기술이 발전하면 직접 민주주의는 실현될 수 있다.
④ A : 인구와 지역 규모가 큰 경우에만 대의제가 실현될 수 있다.
   B : 더 나은 제도는 반드시 선택되어야 한다.
⑤ A : 인구 규모가 작은 경우 직접 민주주의가 실현될 수 있다.
   B : 대규모 의견 처리가 가능하면 직접 민주주의는 실현될 수 있다.

정답해설 A는 중간 결론을 내리기 위해 필요한 전제이다. '그러므로 서구에서 근대 민주주의는 대의제 형태로 발전할 수밖에 없었다.'라는 중간 결론이 도출되었으므로 A에는 근대 국가들의 인구 및 지역 규모와 관련하여 직접 민주주의 시행의 어려움에 관한 전제가 와야 할 것이다.
B는 결론을 내리기 위해 필요한 전제이다. 8의 전제와 결론으로 미루어 보았을 때 B에는 더 나은 제도인 직접 민주주의와 이것의 시행 사이에 존재하는 과정인 선택에 대한 내용이 알맞다.

정답 22 ②

23 다음 실험 결과를 일반화하여 가설을 세운다고 할 때 그 가설로부터 추론할 수 있는 내용으로 옳지 <u>않은</u> 것은?

다이안 매키와 레일라 워스는 미국 학생들에게 총기 규제 강화에 대하여 찬반 여부를 묻는 질문을 던졌다. 그 중 절반에게는 긍정적인 기분을 유발하기 위해 코미디 프로그램을 보여 주고, 나머지 절반에게는 감정상 중립적인 다른 프로그램을 보여주었다. 그런 다음 두 그룹의 학생들에게 애초 자신이 가졌던 의견과 반대되는 관점의 논증을 제시했다. 총기 규제 강화에 찬성했던 학생들에게는 반대 측의 논증을, 총기 규제 강화에 반대했던 학생들에게는 찬성 측의 논증을 제시한 것이다. 그 중 절반에게는 약한 논증을, 나머지 절반에게는 강한 논증을 제시하였다. 또 일부에게는 제시된 논증을 읽기에 빠듯한 시간을 주고, 나머지에게는 원하는 만큼 시간을 주었다. 논증을 읽은 후 총기 규제에 대한 학생들의 입장이 변했는지 알아보았다.

전반적으로 모든 학생이 약한 논증보다는 강한 논증에 더 많은 영향을 받았다. 그러나 생각할 시간이 적고 긍정적 기분이었던 학생들의 경우 둘 사이의 차이가 매우 적었다. 약한 논증에 대해서는 다른 모든 집단의 학생이 훨씬 설득력이 떨어진다고 대답한 반면, 기분은 좋지만 시간은 빠듯한 상황에 있었던 학생은 약한 논증 역시 강한 논증 못지않게 설득력이 있다고 대답했다. 나아가 이 집단의 경우 다른 집단의 학생에 비해 논증을 제시한 화자의 명성에 큰 비중을 두고 논증을 읽는다는 사실이 밝혀졌다. 시간이 넉넉했을 경우, 기분이 좋았던 학생도 그렇지 않은 상태의 학생과 마찬가지로, 약한 논증을 설득력 없는 것으로 받아들였다는 점은 기분보다는 시간이 중요한 변수라는 사실을 보여 준다. 한편 매키와 워스는, 필요한 시간을 원하는 만큼 허용한 집단 내에서도 실제로 논증 검토에 소비한 시간을 비교한 결과, 기분이 좋았던 학생이 그렇지 않은 학생에 비해 많은 시간을 소비했다는 사실을 밝혀냈다.

① 시간이 충분할 경우, 감정 상태는 사람들의 논증 평가에 영향을 미친다.
② 기분이 좋고 생각할 시간이 적으면 사람들은 말하는 사람의 명성 같은 것에 더 의존하게 된다.
③ 기분이 좋지 않을 경우, 시간이라는 요소는 사람들의 논증 평가에 그다지 영향을 미치지 않는다.
④ 사람들이 중립적인 기분에 있거나 생각할 수 있는 시간이 많을 때 약한 논증은 그리 설득력을 갖지 못한다.

⑤ 기분이 좋고 생각할 시간이 적은 사람들은 그렇지 않은 사람들보다 약한 논증을 설득력이 있는 논증으로 더 잘 받아들인다.

정답해설 시간을 충분히 준 집단의 경우, 기분이 좋았던 학생들도 그렇지 않은 학생들도 모두 약한 논증을 설득력 없는 것으로 받아들였다. 그러므로 시간이 충분할 경우, 감정 상태가 사람들의 논증 평가에 영향을 미친다는 것은 제시문을 통해 이끌어 낼 수 없는 내용이다.

24 다음은 민주주의에 관한 글이다. 이 글의 내용과 가장 부합하지 <u>않는</u> 것은?

민주주의의 의미를 구성하는 것은 다음 두 가지 요소이다. 첫째 요소는 사회성원이 공유하는 공동 관심사의 수가 많고 다양하다는 것뿐만 아니라, 상호 관심사의 인정을 사회통제의 방법으로서 더 중요시한다는 것을 의미한다. 둘째 요소는 여러 사회집단 사이의 보다 자유로운 상호작용이 있다는 것뿐만 아니라, 사회적 습관이 변화한다는 것을 의미한다. 이 두 가지 특성은 바로 민주적인 방식으로 조직, 운영되는 사회의 특징이다. 교육의 입장에서 생각해 볼 때, 민주적인 사회는 그 안의 여러 관심들이 서로 긴밀하게 관련되어 있고, 또 진보 또는 재적응이 중요한 고려사항으로 되어 있는 사회이므로, 이러한 사회를 실현하려고 하면 민주적인 사회는 다른 형태의 사회보다도 의도적이고 체계적인 교육에 좀 더 관심을 둘 수밖에 없다. 민주주의가 교육에 열성을 가진다는 것은 잘 알려진 사실이다. 여기에 대한 피상적인 설명은, 민주주의 정치는 국민의 투표에 의존하는 만큼, 대의원들을 선출하고 그들에 복종할 사람들이 교육을 받지 않으면 정치가 잘 될 수 없다는 것이다. 민주적인 사회는 외적 권위에 복종해야 한다는 것을 인정하지 않기 때문에, 자발적인 성향이나 관심으로 외적 권위를 대신하지 않으면 안 된다. 이 자발적인 성향과 관심은 오직 교육에 의해서만 길러질 수 있다. 그러나 이 피상적인 설명 이외에, 더 본질적인 설명이 있다. 즉, 민주주의는 단순히 정치의 형태만이 아니라, 보다 근본적으로는, 공공생활의 형식이요,

경험을 전달하고 공유하는 방식이라는 것이다. 동일한 관심사에 참여하는 개인들의 수가 점점 더 넓은 지역으로 확대되어서, 각 개인이 자신의 행동을 다른 사람들의 행동에 관련 짓고 다른 사람들의 행동을 고려하여 자신의 행동의 목적이나 방향을 결정한다는 것은 곧, 계급, 인종, 국적 등 우리로 하여금 우리 자신의 행동의 완전한 의미를 파악하지 못하도록 가로막는 장애가 철폐된다는 뜻이다. 사람들 사이의 접촉이 많고 그 종류가 다양하다는 것은 개인이 반응해야 할 자극이 다양하다는 뜻이며, 결과적으로 개인의 행동의 다양화를 촉진한다. 그렇게 되면 이때까지 행동으로 발휘되지 못하고 있던 힘이 그것을 억압하던 사슬에서 풀려 나와서 십분 발휘된다. 여기에 비하여, 집단의 폐쇄성으로 말미암아 많은 수의 관심들이 표현되지 못하는 상태에서는 그 힘이 억압당할 수밖에 없다.

① 민주사회의 특징은 사회성원 사이에 공유되는 관심의 범위가 확장되는 것이다.
② 민주사회는 외적 권위보다는 자발적 성향과 관심이 중요하며, 그것은 정치활동을 통해서 길러질 수 있다.
③ 민주주의는 근본적인 면에서 정치형태보다는 공동생활의 형식으로 이해되어야 한다.
④ 민주주의 사회는 여러 사회집단 사이의 자유로운 상호작용과 그에 대한 적응이 중요하다.
⑤ 민주주의는 경험을 전달하고 공유하는 교육에 열성을 가져야 한다.

정답해설 민주적인 사회는 외적 권위에 복종해야 한다는 것을 인정하지 않으므로, 자발적인 성향이나 관심으로 외적 권위를 대신하지 않으면 안 되며 이것은 오직 교육을 통해서만 길러질 수 있다. 그러므로 ②는 제시문에 부합하지 않는다.

25 한 편의 완결된 글을 작성하려고 할 때, 가장 적절한 문단 배열의 순서는?

(가) 1,000분의 1초(ms) 단위로 안구운동을 측정한 결과 미국 학생은 중국 학생에 비해 180ms 빨리 물체에 주목했으며 눈길이 머문 시간도 42.8% 길었다. 그림을 본 후 처음 300~400ms 동안에는 두 그룹 사이에 별 차이가 없었으나 이후 420~1,100ms 동안 미국 학생은 중국 학생에 비해 '물체'에 주목하는 정도가 더 높았다.

(나) 미국 국립과학아카데미(NAS) 회보는 동양인과 서양인이 사물을 보는 방식에 차이가 난다는 실험 결과를 소개했다. 미국 미시간대 심리학과 연구진은 백인 미국인 학생 25명과 중국인 학생 27명에게 호랑이가 정글을 어슬렁거리는 그림 등을 보여주고 눈의 움직임을 관찰했다. 실험 결과 미국 학생의 눈은 호랑이처럼 전면에 두드러진 물체에 빨리 반응하고 오래 쳐다본 반면 중국 학생의 시선은 배경에 오래 머물렀다. 또한 중국 학생은 물체와 배경을 오가며 그림 전체를 보는 것으로 나타났다.

(다) 연구를 주도한 리처드 니스벳 교수는 이런 차이가 문화적 변수에 기인하는 것으로 봤다. 그는 "중국문화의 핵심은 조화에 있기 때문에 서양인보다는 타인과의 관계에 많은 신경을 써야 하는 반면 서양인은 타인에게 신경을 덜 쓰고도 일할 수 있는 개인주의적 방식을 발전시켜 왔다."고 말했다.

(라) 니스벳 교수는 지각구조의 차이가 서로 다른 문화적 배경에 기인한다는 것은 미국에서 태어나고 자란 아시아계 학생들이 사물을 볼 때 아시아에서 나고 자란 학생들과 백인계 미국인들의 중간 정도의 반응을 보이며 때로는 미국인에 가깝게 행동한다는 사실로도 입증된다고 덧붙였다.

(마) 고대 중국의 농민들은 관개농사를 했기 때문에 물을 나눠 쓰되 누군가가 속이지 않는다는 것을 확실히 할 필요가 있었던 반면, 서양의 기원인 고대 그리스에는 개별적으로 포도와 올리브를 키우는 농민이 많았으며 그들은 오늘날의 개인 사업가처럼 행동했다. 이런 삶의 방식이 지각구조에도 영향을 미쳐 철학자 아리스토텔레스는 바위가 물에 가라앉는 것은 중력 때문이고 나무가 물에 뜨는 것은 부력 때문이라고 분석하면서도 정작 물에 대해서는 아무런 언급을 하지 않았지만, 중국인들은 모든 움직임을 주변 환경에 연관시켜 생각했고 서양인보다 훨씬 전에 조류(潮流)와 자기(磁氣)를 이해했다는 것이다.

① (가) - (나) - (다) - (마) - (라)

② (나) - (가) - (다) - (라) - (마)

③ (나) - (가) - (다) - (마) - (라)

④ (마) - (라) - (나) - (가) - (다)

⑤ (마) - (라) - (다) - (나) - (가)

 제시문은 미국 미시간대에서 이루어진 실험의 결과에 대해 다루고 있다. 그러므로 실험에 대하여 설명하고 있는 (나)가 첫 문단이 되어야 할 것이다. 두 번째 문단으로는 실험 결과를 기술하고 있는 (가)가 적합하다. 세 번째 문단으로는 실험 결과에 대한 분석을 다루고 있는 (다) 혹은 (라)가 될 것이나, (라)는 '니스벳 교수'나 '지각구조' 등으로 미루어 보았을 때 이와 관련하여 먼저 언급된 문단이 있어야 할 것이므로 세 번째 문단은 (다)이다. (다)에 이어 중국과 서양의 삶의 방식의 차이를 설명하고 그로 인한 '지각구조'의 영향을 먼저 언급한 (마)가 네 번째 문단이 된다. 마지막으로 실험 결과에 대하여 총체적인 결론을 내리고 있는 (라)가 마지막 문단이 될 것이다.

26 다음 표는 2016~2018년 동안 국립공원 내 사찰의 문화재 관람료에 관한 자료이다. 이에 대한 설명 중 옳은 것은?

〈표〉 국립공원 내 사찰의 문화재 관람료

(단위 : 원)

국립공원	사찰	2016	2017	2018
지리산	쌍계사	1,800	1,800	1,800
	화엄사	2,200	3,000	3,000
	천은사	1,600	1,600	1,600
	연곡사	1,600	2,000	2,000
경주	불국사	0	0	4,000
	석굴암	0	0	4,000
	기림사	0	0	3,000
계룡산	동학사	1,600	2,000	2,000
	갑사	1,600	2,000	2,000
	신원사	1,600	2,000	2,000
한려해상	보리암	1,000	1,000	1,000
설악산	신흥사	1,800	2,500	2,500
	백담사	1,600	0	0
속리산	법주사	2,200	3,000	3,000
내장산	내장사	1,600	2,000	2,000
	백양사	1,800	2,500	2,500
가야산	해인사	1,900	2,000	2,000
덕유산	백련사	1,600	0	0
	안국사	1,600	0	0
오대산	월정사	1,800	2,500	2,500
주왕산	대전사	1,600	2,000	2,000
치악산	구룡사	1,600	2,000	2,000
소백산	희방사	1,600	2,000	2,000

| 월출산 | 도갑사 | 1,400 | 2,000 | 2,000 |
| 변산반도 | 내소사 | 1,600 | 2,000 | 2,000 |

※ 해당 연도 내에서는 관람료를 유지한다고 가정함.

① 문화재 관람료가 한 번도 변경되지 않은 사찰은 4곳이다.
② 2016년과 2018년에 문화재 관람료가 가장 높은 사찰은 동일하다.
③ 지리산국립공원 내 사찰에서 전년대비 2017년의 문화재 관람료 증가율이 가장 높은 사찰은 화엄사이다.
④ 설악산국립공원 내 사찰에서는 2017년부터 문화재 관람료를 받지 않고 있다.
⑤ 문화재 관람료가 매년 상승한 사찰은 1곳이다.

정답해설 지리산 국립공원 내에서 각 사찰의 2017년의 전년대비 증가율을 보면 우선 '쌍계사', '천은사'는 변화가 없다. 변화가 있는 곳은 '화엄사', '연곡사'인데, 화엄사는 전년대비 800원이 증가하여 약 36.4%의 증가율을, 연곡사는 전년대비 400원이 증가하여 25%의 증가율을 보이므로 화엄사의 증가율이 가장 높다.

오답해설 ① 〈표〉에 제시된 국립공원 중 문화재 관람료가 한 번도 변경되지 않은 사찰은 '쌍계사', '천은사', '보리암'으로 총 3곳이다.
② 2016년도에 문화재 관람료가 가장 높은 사찰은 2,200원인 '화엄사', '법주사'이고, 2018년도에 문화재 관람료가 가장 높은 사찰은 4,000원인 '불국사', '석굴암'이다.
④ 설악산 국립공원 내 사찰에서 2017년부터 문화재 관람료를 받지 않는 곳은 '백담사'만 해당하며, 신흥사는 2,500원의 관람료를 받고 있다.
⑤ 〈표〉에 제시된 국립공원 중 문화재 관람료가 매년 상승한 곳은 1곳도 없다.

27 어느 기업에서 3명의 지원자(현민, 지현, 준영)에게 5명의 면접위원 (A, B, C, D, E)이 평가점수와 순위를 부여하였다. 비율점수법과 순위점수법을 적용한 결과가 표와 같을 때, 이에 대한 설명으로 옳은 것은?

〈표1〉 비율점수법 적용 결과

(단위 : 점)

면접위원 지원자	A	B	C	D	E	전체합	중앙3합
현민	7	8	6	6	1	28	19
지현	9	7	6	3	8	( )	( )
준영	5	8	7	2	6	( )	( )

※ 중앙3합은 5명의 면접위원이 부여한 점수 중 최곳값과 최젓값을 제외한 3명의 점수를 합한 값임.

〈표2〉 순위점수법 적용 결과

(단위 : 순위, 점)

면접위원 지원자	A	B	C	D	E	순위점수합
현민	2	1	2	1	3	11
지현	1	3	3	2	1	( )
준영	3	2	1	3	2	( )

※ 순위점수는 1순위에 3점, 2순위에 2점, 3순위에 1점을 부여함.

① 순위점수합이 가장 큰 지원자는 '현민'이다.

② 비율점수법 중 중앙3합이 가장 큰 지원자는 순위점수합도 가장 크다.

③ 비율점수법 적용 결과에서 평가점수의 전체합과 중앙3합이 큰 값부터 등수를 정하면 지원자의 등수는 각각 같다.

④ 비율점수법 적용 결과에서 평가점수의 전체합이 가장 큰 지원자는 '준영'이다.

⑤ 비율점수법 적용 결과에서 중앙3합이 높은 값부터 등수를 정하면 2등은 '지현'이다.

〈표2〉의 순위점수합은 현민 : 11점, 지현 : 3+1+1+2+3=10점, 준영 : 1+2+3+1+2=9점
이므로 현민이 가장 크다.

오답
해설

② 〈표1〉의 비율점수법 중 중앙3합은
현민 : 19점, 지현 : 7+6+8=21점, 준영 : 5+7+6=18점이므로 이 점수가 가장 큰 지원자는
지현이다. 하지만 ①번과 같이 순위점수합이 가장 큰 지원자는 현민이다.

③ 〈표1〉의 비율점수법 중 전체합은
현민 : 28점, 지현 : 9+7+6+3+8=33점,
준영 : 5+6+7+2+6=28점이므로 지현 1등, 현민, 준영이 공동 2등이지만 중앙3합은 ②번 해
설과 같이 지현 1등, 현민 2등, 준영 3등이므로 등수가 같지 않다.

④ 위 ②번 해설과 같이 비율점수법 중 전체합이 가장 큰 지원자는 지현이다.

⑤ 위 ②번 해설과 같이 비율점수법 중 중앙3합의 등수는 지현 1등, 현민 2등, 준영 3등이다.

28 다음 그림은 각각 유권자 5명으로 구성된 집단(A~C)의 소득 및 '가' 정당 지지도를 나타낸 것이다. 이에 대한 〈보기〉의 설명 중 옳은 것을 모두 고르면?

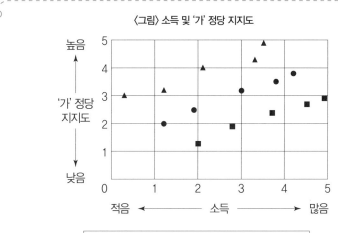

〈그림〉 소득 및 '가' 정당 지지도

▲ 집단A 유권자   ● 집단B 유권자   ■ 집단C 유권자

보기

ㄱ. 평균소득은 집단A가 집단B보다 적다.

ㄴ. '가' 정당 지지도의 평균은 집단B가 집단C보다 높다.

ㄷ. 소득이 많은 유권자일수록 '가' 정당 지지도가 낮다.

ㄹ. 평균소득이 많은 집단이 평균소득이 적은 집단보다 '가' 정당 지지도의 평균이 높다.

① ㄱ, ㄴ　　　　　　　② ㄱ, ㄹ

③ ㄴ, ㄷ　　　　　　　④ ㄱ, ㄴ, ㄹ

⑤ ㄴ, ㄷ, ㄹ

정답
해설

ㄱ. 집단A와 집단B의 소득을 비교할 경우 주어진 〈그림〉에서 가로축의 소득을 보면 된다. 가장 왼쪽
　의 점부터 하나씩 비교하여 봤을 때 집단A의 점들이 집단B의 점보다 모두 소득이 적기 때문에 집
　단A의 평균소득은 집단B의 평균소득보다 적게 된다.

ㄴ. 집단B와 집단C의 '가'정당 지지도를 비교할 경우 〈그림〉에서 '가' 정당 지지도는 세로축을 살펴보

면 된다. 가장 아래쪽의 점부터 비교할 때 집단B의 점들이 집단C의 점들보다 모두 '가'정당 지지도
가 높기 때문에 집단B의 지지도의 평균이 집단C의 지지도의 평균보다 높게 된다.

ㄷ. 반례를 찾아보는 것이 좋다. 집단A에서 가장 오른쪽 점은 집단C에서 가장 왼쪽 점에 비해 소득과
'가'정당 지지도가 모두 높다. 따라서 소득이 많은 유권자일수록 '가'정당 지지도가 낮다고 볼 수 없다.

ㄹ. 평균소득이 많은 집단을 순서대로 나열하면 C – B – A가 되며, '가'정당 지지도의 평균이 높은 집
단을 순서대로 나열하면 A – B – C가 되어 평균소득이 많은 집단은 오히려 '가'정당의 평균 지지
도가 낮음을 알 수 있다.

29 다음 표는 지역별 건축 및 대체에너지 설비투자 현황에 관한 자료이다. 이에 대한 〈보기〉의 설명 중 옳은 것을 모두 고르면?

〈표〉 지역별 건축 및 대체에너지 설비투자 현황

(단위 : 건, 억 원, %)

지역	건축 건수	건축 공사비 (A)	대체에너지 설비투자액				대체에너지 설비투자 비율 (B/A)×100
			태양열	태양광	지열	합(B)	
가	12	8,409	27	140	336	503	5.98
나	14	12,851	23	265	390	678	( )
다	15	10,127	15	300	210	525	( )
라	17	11,000	20	300	280	600	5.45
마	21	20,100	30	600	450	1,080	( )

※ 건축공사비 내에 대체에너지 설비투자액은 포함되지 않음.

보기

ㄱ. 건축 건수 1건당 건축공사비가 가장 많은 곳은 '나' 지역이다.

ㄴ. '가'~'마' 지역의 대체에너지 설비투자 비율은 각각 5% 이상이다.

ㄷ. '라' 지역에서 태양광 설비투자액이 210억원으로 줄어도 대체에너지 설비투자 비율은 5% 이상이다.

ㄹ. 대체에너지 설비투자액 중 태양광 설비투자액 비율이 가장 높은 지역은 대체에너지 설비투자 비율이 가장 낮다.

① ㄱ, ㄴ 　　　　　　　　② ㄱ, ㄷ

③ ㄴ, ㄷ 　　　　　　　　④ ㄴ, ㄹ

⑤ ㄷ, ㄹ

 ㄴ. '나', '다', '마' 지역만 확인하면 된다. 대체에너지 설비투자 비율은 $B/A \times 100$이므로 '나' 지역은 $67,800/12851 = 5.28$, '다' 지역은 $52,500/10,127 = 5.18$, '마' 지역은 $108,000/20,100 = 5.37$이 되어 모든 지역에서 5% 이상을 보인다.

ㄹ. 대체에너지 설비투자액 중 태양광 설비투자액의 비율이 가장 높은 지역은 '다' 지역으로 약 57%의 비율을 보이는데, 이 지역은 대체에너지 설비투자 비율이 약 5.18로 가장 낮다.

오답해설 ㄱ. 건축 건수 1건당 건축공사비는 건축공사비(A) / 건축건수로 구할 수 있다.

'가' 지역은 $8,409/12 = 700.75$, '나' 지역은 $12,851/14 = 918$, '다' 지역은 $10,127/15 = 675$, '라' 지역은 $11,000/17 = 647$, '마' 지역은 $20,100/21 = 957$이므로 가장 많은 곳은 '마' 지역이다.

ㄷ. '라' 지역에서 태양광 설비투자액이 210억 원으로 줄어들 경우 대체에너지 설비투자액의 합은 510억 원으로 줄게 되고, 대체에너지 설비투자 비율($B/A \times 100$)은 약 4.64가 되어 5% 미만이 된다.

30 다음 표는 A~E 마을 주민의 재산상황을 나타낸 자료이다. 이에 대한 〈보기〉의 설명 중 옳은 것을 모두 고르면?

〈표〉 A~E 마을 주민의 재산상황

(단위 : 가구, 명, ha, 마리)

| 마을 | 가구 수 | 주민 수 | 재산유형 | | | | | |
| | | | 경지 | | 젖소 | | 돼지 | |
			면적	가구당 면적	개체 수	가구당 개체 수	개체 수	가구당 개체 수
A	244	1,243	( )	6.61	90	0.37	410	1.68
B	130	572	1,183	9.10	20	0.15	185	1.42
C	58	248	( )	1.95	20	0.34	108	1.86
D	23	111	( )	2.61	12	0.52	46	2.00
E	16	60	( )	2.75	8	0.50	20	1.25
전체	471	2,234	( )	6.40	150	0.32	769	1.63

※ 소수점 아래 셋째 자리에서 반올림한 값임

보기

ㄱ. C 마을의 경지면적은 D 마을과 E 마을 경지면적의 합보다 크다.

ㄴ. 가구당 주민 수가 가장 많은 마을은 가구당 돼지 수도 가장 많다.

ㄷ. A 마을의 젖소 수가 80% 감소한다면, A~E 마을 전체 젖소 수는 A~E 마을 전체 돼지 수의 10% 이하가 된다.

ㄹ. 젖소 1마리당 경지면적과 돼지 1마리당 경지면적은 모두 D 마을이 E 마을보다 좁다.

① ㄱ, ㄴ
② ㄱ, ㄷ
③ ㄱ, ㄹ
④ ㄴ, ㄷ
⑤ ㄷ, ㄹ

정답해설 ㄱ. 경지면적은 가구당 면적에 가구 수를 곱한(가구당 면적×가구 수) 값이다. C 마을의 경지면적은 $1.95×58=113.1$ha이고, D 마을은 $2.61×23=60.03$ha, E 마을은 $2.75×16=44$가 되어

C 마을의 경지면적이 D와 E 마을의 경지면적 합(104.03)보다 크다.

ㄹ. 젖소 1마리당 경지면적은 D 마을이 약 5ha(60.03/12), E 마을이 약 5.5ha(44/8)가 되며, 돼지 1 마리당 경지면적은 D 마을이 약 1.03ha(60.03/46), E 마을이 2.2ha(44/20)가 되어 D 마을이 E 마을보다 모두 좁다.

ㄴ. 가구당 주민 수가 가장 많은 마을은 A 마을(5.09)이 되며, A 마을의 가구당 돼지 수는 1.68마리로 가장 많지 않다.(가구당 돼지 수가 가장 많은 마을은 D 마을이다. D 마을의 가구당 주민 수는 4.82 이다.)

ㄷ. A 마을의 젖소 수가 80% 감소한다면 18마리로 줄어드는 것인데, 이럴 경우 전체 젖소의 수는 78 마리가 되며 이는 전체 돼지 수인 769마리의 10% 이상이 된다.

1DAY

2DAY

3DAY

31 다음 표는 콩 교역 및 생산에 관한 통계자료이다. 이에 대한 〈보기〉의 설명 중 옳지 <u>않은</u> 것을 모두 고르면?

〈표1〉 콩 수출량 및 수입량 상위 10개국

(단위 : 만톤)

수출국	수출량	수입국	수입량
미국	3,102	중국	1,819
브라질	1,989	네덜란드	544
아르헨티나	871	일본	517
파라과이	173	독일	452
네덜란드	156	멕시코	418
캐나다	87	스페인	310
중국	27	대만	169
인도	24	벨기에	152
우루과이	18	한국	151
볼리비아	12	이탈리아	144

〈표2〉 콩 생산량 상위 10개국의 생산현황

순위	국가별	재배면적 (만ha)	생산량 (만톤)	단위재배면적당 생산량(톤/ha)
1	미국	2,994	8,562.8	2.86
2	브라질	( )	4,916.6	2.29
3	아르헨티나	1,395	3,194.6	2.29
4	중국	1,058	( )	1.68
5	인도	755	702.2	0.93
6	파라과이	167	380.8	2.28
7	캐나다	120	290.4	2.42
8	볼리비아	65	154.1	2.37
9	인도네시아	55	71.0	1.29

10	이탈리아	15	50.3	3.35
	기타	390	512.3	1.31
	세계전체	9,161	20,612.3	( )

※ 단위재배면적당 생산량은 소수점 아래 셋째 자리에서 반올림한 값임.

보기

ㄱ. 중국은 세계에서 콩 수입량이 가장 많은 국가로서, 콩 수입량이 생산량보다 많다.

ㄴ. 브라질의 콩 재배면적은 아르헨티나와 중국의 콩 재배면적을 합친 것보다 넓다.

ㄷ. 미국, 브라질, 아르헨티나 3개국의 콩 생산량 합은 세계 전체 콩 생산량의 80% 이상
이다.

ㄹ. 콩 생산량 상위 10개국 중 단위재배면적당 콩 생산량이 세계전체의 단위재배면적당
콩 생산량보다 적은 국가의 수는 4개이다.

① ㄱ, ㄴ　　　　　　　　② ㄱ, ㄷ
③ ㄴ, ㄷ　　　　　　　　④ ㄴ, ㄹ
⑤ ㄷ, ㄹ

정답해설　ㄴ. 〈표2〉에서 브라질의 콩 재배면적은 생산량/단위재배면적당 생산량=4,916.6/2.29=약 2,146만
ha로 아르헨티나와 중국의 재배면적을 합친 2,453만ha보다 좁다.

ㄹ. 〈표2〉에서 세계전체의 단위재배면적당 생산량은 생산량/지배면적=20,612.3/9,161=2.25가 되
면, 이것보다 적은 국가는 중국(1.68), 인도(0.93), 인도네시아(1.29)로 총 3개국이다.

오답해설　ㄱ. 〈표1〉을 보면 중국은 세계에서 콩 수입량이 가장 많은 국가임을 알 수 있고, 〈표2〉에서 중국의 콩
생산량을 구하게 되면 단위재배면적당 생산량×재배면적=1.68×1,058=1,777.4(만톤)이 되
어, 수입량인 1,819(만톤)보다 적다.

ㄷ. 〈표2〉에서 미국, 브라질, 아르헨티나의 콩 생산량 합은 16,674(만톤)이 되어 세계전체 콩 생산량의
약 80.9%에 해당한다.(16,674/20,612.3)

 정답 31 ④

32 다음 표는 **A**회사 보안요원 5명의 개인암호 및 암호 입력 횟수이다. 5개 알파벳 문자(**a, c, e, f, s**) 중, 보안요원이 암호를 입력할 때 두 번째로 많이 입력한 알파벳 문자는?

〈표〉 A회사 보안요원 5명의 개인암호 및 암호 입력횟수

보안요원	개인암호	암호 입력횟수
김○태	character_1	83
전○훈	design#2	363
박○영	form%3	503
윤○희	function@4	430
성○진	history#5	165

※ 각 보안요원은 자신의 개인암호만을 입력하고, 입력 시 오류는 없음.

① a
② c
③ e
④ f
⑤ s

 ① a의 경우는 김 요원에 2개 있으므로 총 166회 입력하였다.
② c의 경우는 김 요원에 2개, 윤 요원에 1개 있으므로
　총 $2 \times 83 + 1 \times 430 = 596$회 입력하였다.
③ e의 경우는 김 요원에 1개, 전 요원에 1개 있으므로
　총 $1 \times 83 + 1 \times 430 = 446$회 입력하였다.
④ f의 경우는 박 요원에 1개, 윤 요원에 1개 있으므로
　총 $1 \times 503 + 1 \times 430 = 933$회 입력하였다.
⑤ s의 경우는 전 요원이 1개, 성 요원이 1개 있으므로
　총 $1 \times 363 + 1 \times 165 = 528$회 입력하였다.
따라서 두 번째로 많이 입력한 알파벳 문자는 c가 된다.

33 다음 중 비의 값이 1보다 작은 것은?

① $\dfrac{25}{40}$

② 107.05%

③ 13할 2푼

④ $4:1$

⑤ 1005.9%

 각각의 값을 구해보면

  ① $\dfrac{25}{40}=0.625$

  ② $107.05\%=107.05\div100=1.0705$

  ③ 13할 2푼$=1.32$

  ④ $4:1$의 비의 값$=4$

  ⑤ $1005.9\%=10.059$

34 기차를 타고 시속 $88km$의 속력으로 2시간 반을 갔을 때 기차가 달린 총 거리는 얼마인가?

① 200km

② 220km

③ 240km

④ 260km

⑤ 280km

 거리＝속력×시간을 이용하면 $88(km/h)×2.5(h)=220(km)$이다.

35 공기 중에서 소리의 속력은 기온이 $x°C$일 때, 매초 약 $(0.6x+331)$ m/s이다. 기온 $18°C$에서 번개가 보이고 10초 후 천둥소리를 들었다면, 번개가 발생한 지점까지의 거리를 구하면?

① 3,211m

② 3,308m

③ 3,418m

④ 3,563m

⑤ 3,807m

기온이 $18°C$일 때 소리의 속력은 $0.6×18+331=341.8(m/s)$이다.
따라서 번개가 발생한 지점까지의 거리는
$341.8(m/s)×10(s)=3,418(m)$이다.

36 자동차 레이싱 시합에서 한선수가 처음에는 Akm는 $x$km/h로, 그 다음은 Bkm는 $y$km/h로 나머지 Ckm는 $z$km/h로 달렸다고 한다. 이 선수의 평균 속력을 구하면?

① $\dfrac{A+B+C}{x+y+z}$

② $\dfrac{Ax+By+Cz}{x+y+z}$

③ $\dfrac{A+B+C}{\dfrac{A}{x}+\dfrac{B}{y}+\dfrac{C}{z}}$

④ $\dfrac{Ax+By+Cz}{\dfrac{A}{x}+\dfrac{B}{y}+\dfrac{C}{z}}$

⑤ $\dfrac{Ax+By+Cz}{x^2+y^2+z^2}$

정답해설 '속력$=\dfrac{거리}{시간}$' 공식을 이용하면

총 걸린 시간은 $\dfrac{A}{x}+\dfrac{B}{y}+\dfrac{C}{z}$(h), 총 거리는 $A+B+C$(km)이다.

따라서 속력은 $\dfrac{A+B+C}{\dfrac{A}{x}+\dfrac{B}{y}+\dfrac{C}{z}}$(km/h)이다.

37 원가가 8만 원인 제품의 마진율은 **10%**이다. 이 제품을 팔아서 남긴 마진이 **56만** 원일 때, 몇 개의 제품을 팔았는가?

① 30개
③ 50개
⑤ 70개
② 40개
④ 60개

정답해설 제품 하나를 팔 때 남는 마진은 $80,000 \times 0.1 = 8,000$원이므로 $560,000 \div 8,000 = 70(개)$이다.

38 A회사에서 원가 2만 원짜리 제품에, 이윤을 **20%** 추가하여 정가로 하였다가 오랫동안 팔리지 않아 정가의 **30%**를 깎아 팔았다. 이 제품의 가격은?

① 11,600원
③ 14,200원
⑤ 18,060원
② 12,000원
④ 16,800원

정답해설 정가는 $20,000(1 + 0.2) = 24,000(원)$
따라서 24,000원의 30%를 깎았으므로
$24,000 \times (1 - 0.3) = 16,800(원)$이다.

39 어떤 일을 하는데 A씨는 60시간, B씨는 40시간이 걸린다고 한다. A씨와 B씨가 함께 일을 하면 각자 능력의 20%를 분업효과로 얻을 수 있다고 한다. A씨와 B씨가 함께 일을 한다면 몇 시간이 걸리겠는가?

① 15시간 ② 20시간

③ 25시간 ④ 30시간

⑤ 35시간

정답해설 전체 작업량을 1이라 하면,

A씨의 1시간 작업량 : $\frac{1}{60}$, B씨의 1시간 작업량 : $\frac{1}{40}$

A씨와 B씨의 1시간 작업량 : $\left(\frac{1}{60} + \frac{1}{40}\right) \times 1.2 = \frac{1}{20}$

따라서 전체 일을 하는데 걸리는 시간은 $1 \div \frac{1}{20} = 20$(시간)

40 물탱크를 채우는데 A호스로는 10시간, B호스로는 30시간, C호스로는 45시간이 걸린다. 이 일을 3시간동안 A, C호스로 물을 채우고 남은 부분은 B호스로 채울 때, 이 일을 시작하여 끝내기까지 몇 시간이 걸리겠는가?

① 19시간
② 20시간
③ 21시간
④ 22시간
⑤ 23시간

정답해설 A, C 두 호스가 3시간 동안 채운 물의 양 : $\left(\dfrac{1}{10}+\dfrac{1}{45}\right)\times 3=\dfrac{11}{90}\times 3=\dfrac{11}{30}$

나머지 B호스 하나로 채울 때 걸리는 시간 : $\left(1-\dfrac{11}{30}\right)\div\dfrac{1}{30}=19$(시간)

∴ 총 걸린 시간은 $3+19=22$(시간)

41 62% 황산수용액 100g과 26% 황산수용액 50g을 섞었을 때 이 용액의 농도는? (단, 용액의 농도는 질량%)

① 45%

② 50%

③ 55%

④ 60%

⑤ 65%

> **정답해설** '용질의 양=농도×용액의 양'이므로
>
> 62% 황산수용액 100g안의 황산의 양은 $\dfrac{62}{100} \times 100 = 62(g)$,
>
> 26% 황산수용액 50g안의 황산의 양은 $\dfrac{26}{100} \times 50 = 13(g)$
>
> 두 용액을 섞으면 전체 150(g)의 황산수용액과 62+13=75(g)의 황산이 된다.
>
> 따라서 이 용액의 농도는 $\dfrac{75}{150} \times 100 = 50(\%)$이다.

42 정육면체의 겉넓이가 54cm^2이다. 이 정육면체의 부피는 얼마인가?

① 27cm^3 ② 54cm^3

③ 64cm^3 ④ 72cm^3

⑤ 80cm^3

> **정답해설** 겉넓이 : 밑변×높이×면의 수, 부피 : 가로×세로×높이
> 정육면체의 한 면의 넓이는 $54÷6=9$이므로 한 변의 길이는 3cm이다.
> 따라서 부피는 $3×3×3=27(\text{cm}^3)$이다.

[43~44] 다음은 H사의 부서별 연수 참가 인원수를 나타낸 표이다. H사의 경우 모든 사원이 영어 연수나 컴퓨터 연수 중 하나에 참가해야 한다.

(단위 : 명)

구분	영어 연수 참가 인원수	컴퓨터 연수 참가 인원수	총 인원수
A부서		㉠	80
B부서	㉣		㉢
C부서	15	㉡	75

43 A부서에서 영어 연수에 참여하는 비율이 45%라 할 때, ㉠의 값은?

① 36명   ② 38명

③ 40명   ④ 44명

⑤ 46명

정답해설 부서의 모든 인원이 영어 연수나 컴퓨터 연수 중 하나에 참여하므로, A부서의 컴퓨터 연수 참여 비율은 부서 총 인원수의 55%이다.
따라서 ㉠은 $80 \times 0.55 = 44$(명)이다.

44 B부서의 경우 총 인원수에서 컴퓨터 연수에 참여하는 비율이 65%라 할 때, ㉡+㉢의 값은?

① 81명

② 99명

③ 125명

④ 133명

⑤ 140명

정답해설 C부서의 총 인원수가 75명이므로 ㉢은 $75 - 15 = 60$이 된다. B부서에서 컴퓨터 연수에 참여하는 비율이 65%이므로 영어 연수에 참여하는 비율은 35%가 된다.
따라서 ㉡은 $60 \times 0.35 = 21$(명)이다.
∴ ㉡+㉢$=21+60=81$(명)

[45~47] 다음은 이동통신 사용자의 통신사별 구성비와 향후 통신사 이동 성향에 관한 자료이다.

〈이동통신 사용자의 통신사 이동 성향〉

(단위 : %)

현재＼1년 뒤	A사	B사	C사	합계
A사	80	10	10	100
B사	10	70	20	100
C사	40	10	50	100

〈현재 이동통신 사용자의 통신사별 구성비〉

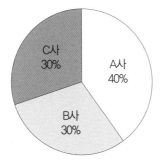

45 1년 뒤, A사와 B사에서 C사로 이동한 이동통신 사용자는 전체 사용자 중 몇 %인가?

① 10% ② 12%

③ 14% ④ 16%

⑤ 18%

전체 사용자를 100으로 잡고 계산했을 때

현재 A사의 사용자는 40이고, 이중 10%가 1년 뒤 C사의 사용자이므로, $40 \times 0.1 = 4(\%)$

현재 B사의 사용자는 30이고, 이중 20%가 1년 뒤 C사의 사용자이므로, $30 \times 0.2 = 6(\%)$

따라서 $4 + 6 = 10(\%)$이다.

46 1년 뒤 총 사용자 중 A사 사용자는 몇 %인가?

① 32%

② 35%

③ 39%

④ 43%

⑤ 47%

 전체 사용자를 100으로 잡았을 때

현재 A사 사용자는 40이고, 이 중 80%는 1년 후에도 A사의 사용자로 남아있으므로,

$40 \times 0.8 = 32(\%)$

현재 B사 사용자는 30이고, 이 중 10%는 1년 뒤 A사의 사용자이므로,

$30 \times 0.1 = 3(\%)$

현재 C사 사용자는 30이고, 이 중 40%는 1년 뒤 A사의 사용자이므로,

$30 \times 0.4 = 12(\%)$

따라서 1년 뒤 총 사용자 중 A사 사용자는 $32 + 3 + 12 = 47(\%)$이다.

47 1년 뒤에 다른 통신사로 이동한 이동통신 사용자는 모두 몇 %인가?

① 28%
② 32%
③ 36%
④ 40%
⑤ 44%

 전체 사용자를 100으로 잡으면

현재 A사 사용자는 40이고, 이 중 20%는 1년 뒤 다른 통신사의 사용자이므로,
$40 \times 0.2 = 8(\%)$
현재 B사 사용자는 30이고, 이 중 30%는 1년 뒤 다른 통신사의 사용자이므로,
$30 \times 0.3 = 9(\%)$
현재 C사 사용자는 30이고, 이 중 50%는 1년 뒤 다른 통신사의 사용자이므로,
$30 \times 0.5 = 15(\%)$
따라서 1년 뒤에 다른 통신사로 이동한 이동통신 사용자는
$8 + 9 + 15 = 32(\%)$이다.

[48~49] 다음은 2017년 A기업의 해외직접투자표이다.

〈A기업 해외직접투자〉

(단위 : 달러)

연도	아시아	북미	중동	유럽	중남미
2017.01	2,293,850	1,224,650	5,580	104,770	50,040
2017.02	1,946,200	320,280	5,500	250,030	73,040
2017.03	3,951,400	1,666,700	5,510	1,103,510	290,040
2017.04	3,042,720	574,110	12,120	480,950	583,240
2017.05	3,618,070	2,030,220	24,060	242,250	538,150
2017.06	3,077,080	584,110	35,510	130,080	107,490
2017.07	2,871,160	153,130	21,070	142,130	225,150

48 2017년 해외직접투자가 가장 많았던 달은 언제인가?

① 1월   ② 2월
③ 3월   ④ 5월
⑤ 7월

 ① 1월 : 3,678,890(달러)
② 2월 : 2,595,050(달러)
③ 3월 : 7,017,160(달러)
④ 5월 : 6,452,750(달러)
⑤ 7월 : 3,412,640(달러)
따라서 2017년 해외직접투자가 가장 많았던 달은 3월이다.

49 2017년 6월에 해외직접투자가 두 번째로 많았던 곳은 어디인가?

① 중남미   ② 유럽
③ 중동   ④ 북미
⑤ 아시아

2017년 6월에 해외직접투자가 가장 많았던 곳부터 나열해보면
아시아 3,077,080(달러)＞북미 584,110(달러)＞유럽 130,080(달러)＞중남미 107,490(달러)＞중동
35,510(달러) 순이다.
따라서 2017년 6월에 해외직접투자가 두 번째로 많았던 곳은 북미 584,110(달러)이다.

50 다음의 표는 S통신사의 광고모델 후보에 대한 자료이다. 아래의 조건을 바탕으로 광고모델을 선정한다고 할 때, 광고모델로 최종 발탁될 수 있는 사람은? (단, 총 광고효과가 가장 큰 사람을 모델로 발탁함)

〈표〉 광고모델별 1년 계약금 및 광고 1회당 광고효과

(단위 : 만 원)

광고모델	1년 계약금	1회당 광고효과	
		수익증대효과	브랜드가치 증대효과
A	1,000	100	100
B	600	60	100
C	700	60	110
D	800	50	140
E	1,200	110	110

※ 광고효과는 수익 증대 효과와 브랜드 가치 증대 효과로만 구성된다.

〈조건〉

• 1회당 광고효과 : 1회당 수익증대효과 + 1회당 브랜드가치 증대효과

• 총 광고효과 : 1회당 광고효과 × 1년 광고횟수

• 1년 광고횟수 : $\dfrac{1년 광고비}{1회당 광고비}$ (※ 1회당 광고비는 20만 원으로 고정되어 있다.)

• 1년 광고비 : 고정비용 3,000만 원 − 1년 계약금

① A
② B
③ C
④ D
⑤ E

정답해설 조건에 제시된 내용에 따라 표를 작성하면 다음과 같다.

광고모델	1년 계약금	1회당 광고효과	1년 광고비	1년 광고횟수	총 광고효과
A	1,000	200	2,000	$\frac{2,000}{20}=100$	20,000
B	600	160	2,400	$\frac{2,400}{20}=120$	19,200
C	700	170	2,300	$\frac{2,300}{20}=115$	19,550
D	800	190	2,200	$\frac{2,200}{20}=110$	20,900
E	1,200	220	1,800	$\frac{1,800}{20}=90$	19,800

총 광고효과가 가장 높은 사람이 광고모델로 선발되므로 최종 발탁되는 사람은 'D'이다.

3DAY

한국철도공사 직업기초능력평가

문항수	시험시간
50문항	60분

01 다음 글에서 추론할 수 있는 글의 주제 또는 제목으로 가장 적합한 것은?

진화론자는 어떠한 한 종에 대해 과거의 진화적 내용을 증명하거나 앞으로의 진화를 예견할 수 없고 단지 어떤 사실을 해석하거나 이에 대하여 이야기를 만들 뿐이다. 왜냐하면 과거 일회성의 사건은 반복되거나 실험적으로 검증할 수 없고 예견은 검증된 사실로부터 가능하기 때문이다. 이러한 관점에서 보면 진화론자와 역사학자는 닮은 점이 있다. 그러나 진화론자는 역사학자보다는 상당히 많은 과학적 이점을 가지고 있다. 즉, 상호 연관성을 가진 생물학적 법칙, 객관적 증거인 상동 기관, 일반적인 과학의 법칙 등으로부터 체계를 세울 수 있다. 상동 기관은 다양한 생물이 전혀 별개로 형성되었다기보다는 하나의 조상으로부터 출발하였다는 가설을 뒷받침하는 좋은 증거이기 때문이다. 진화론은 생물의 속성에 대해 일반적으로 예견할 수 있지만, 아직까지 진화론에는 물리학에 견줄 수 있는 법칙이 정립되어 있지 않다. 이것은 진화론이 해결할 수 없는 본질적인 특성에 기인한다.

① 진화론은 객관적 증거들을 이용하여 생명 현상의 법칙을 세운다.
② 진화론은 인문 과학의 속성과 자연 과학의 속성을 모두 지니고 있다.
③ 진화론이 과학으로서 인정을 받기 위해서는 법칙의 정립이 시급하다.
④ 진화론은 과거의 사실을 검증함으로써 진화 현상에 대한 예측을 가능하게 한다.
⑤ 진화론이 법칙의 체계가 되기 위해서는 역사학과의 상호 연관성을 배제해야 한다.

정답해설 제시문의 전반부는 진화론자와 역사학자의 유사한 측면을 비교하여 진화론의 인문 과학적 속성을 설명하고 있으며, 후반부는 진화론자가 역사학자에 비해 상당히 많은 과학적 이점을 가진다는 점을 통해 진화론의 자연 과학적 속성을 설명하고 있다. 따라서 주제로 가장 적합한 것은 ②이다.

02 다음에 일정한 규칙에 따라 숫자를 나열한 것이다. 빈칸에 가장 알맞은 숫자는?

| | 10 | 8 | 12 | 6 | 14 | 4 | ( ) | |

① 16   ② 10

③ 8   ④ 6

⑤ 2

1DAY | 2DAY | 3DAY

> **정답해설** 나열된 숫자는 다음과 같은 규칙이 있다.
>
> $10-2=8$ $8+4=12$
>
> $12-6=6$ $6+8=14$
>
> $14-10=4$ $4+12=($)
>
> 따라서 '( )$=16$'이 된다.

03 다음 글의 내용에 부합하지 않는 것은?

모든 미학 체계는 어떤 특수한 정서를 느끼는 개인적 경험에서 출발한다. 이러한 정서를 유발하는 대상들을 우리는 예술작품이라고 부른다. 예술작품들에 의해서만 촉발되는 독특한 정서가 존재한다는 것에 감수성 있는 사람들이라면 모두 동의한다. 이와 같은 특수한 종류의 정서가 존재한다는 사실, 그리고 이 정서가 회화, 조각, 건축 등 모든 종류의 예술에 의해서 촉발된다는 사실은 누구도 부인할 수 없다. 이 정서가 '미적 정서'이다. 그리고 만약 우리가 그 정서를 유발하는 모든 대상들에 공통적이고 그 대상들에만 특수한 어떤 속성을 발견할 수 있다면 우리는 미학의 핵심 문제를 해결하게 될 것이다. 모든 예술작품에 공통되고 그것들에만 특수한 속성은 무엇인가? 그 속성이 무엇이건 그것이 다른 속성들과 함께 발견된다는 점은 분명하다. 그러나 다른 속성들이 우연적인 반면 그 속성은 본질적이다. 그것을 갖고 있지 않으면 그 어떤 것도 예술작품이 아니고, 최소한이라도 그것을 소유하면 그 어떤 작품도 완전히 무가치할 수는 없는 그러한 하나의 속성이 존재함에 틀림없다. 이 속성은 무엇일까? 어떤 속성이 우리의 미적 정서를 유발하는 모든 대상들에 의해 공유되는 것일까? 소피아 사원과 샤르트르 성당의 스테인드 글라스, 멕시코의 조각품, 파도바에 있는 지오토의 프레스코 벽화들, 그리고 푸생, 피에로 델라 프란체스카와 세잔의 걸작들에 공통된 속성은 무엇일까? 오직 하나의 대답만이 가능해 보인다. 바로 '의미 있는 형식'이다. 방금 말한 대상들 각각에서 특수한 방식으로 연관된 선과 색들, 특정 형식과 형식들의 관계가 우리의 미적 정서를 불러일으킨다. 선과 색의 이러한 관계와 연합체들, 미적으로 감동을 주는 이 형식을 나는 의미 있는 형식이라고 부르며 이것이 모든 예술작품에 공통적인 하나의 속성이다.

① 예술작품과 비예술 인공물의 외연은 겹치지 않는다.
② 조각품이나 회화 등의 예술작품은 미적 정서를 유발한다.
③ 미적 정서를 일으키는 성질과 의미 있는 형식 사이에는 괴리가 있을 수 있다.
④ 어떤 것이 예술이 되기 위해서 만족해야 할 필요하고도 충분한 조건이 존재한다.
⑤ 누가 어떤 대상에서 미적 정서를 느끼지 못한다면 그는 감수성 있는 사람이 아니거나 그 대상이 예술이 아니다.

 미적 정서를 유발하는 모든 대상이 가진 공통되고 그것에만 특수한 속성이 바로 '의미 있는 형식'이다. 그러므로 둘 사이에는 괴리가 있을 수 없다.

04 다음 글의 내용에 부합하지 <u>않는</u> 것은?

은하수로부터 오는 전파는 일종의 잡음으로 나타나는데, 천둥이 치는 동안 라디오에서 들리는 배경 잡음과 흡사하다. 전파 안테나에 잡히는 전파 잡음은 전파 안테나 자체의 구조에서 생기는 잡음, 안테나의 증폭회로에서 불가피하게 생기는 잡음, 지구의 대기에서 생기는 잡음과 쉽게 구별되지 않는다. 별처럼 작은 전파원의 경우는 안테나를 파원 쪽으로 돌렸다가 다시 그 부근의 허공에 번갈아 돌려보며 비교함으로써 안테나의 구조나 지구의 대기에서 비롯되는 잡음을 제거할 수 있다. 이러한 잡음은 안테나가 파원을 향하는지 또는 파원 주위의 허공을 향하는지에 상관없이 거의 일정하기 때문이다.

펜지어스와 윌슨은 은하수로부터 오는 고유한 전파를 측정하려 했기 때문에, 장치 내부에서 생길 수 있는 일체의 잡음을 확인하는 것이 중요했다. 그들은 이 문제를 해결하기 위해 '냉부하 장치'라는 것을 사용했다. 이것은 안테나의 전파 출력을 냉각된 인공 파원에서 나오는 출력과 비교하는 것인데, 이를 통해 증폭회로에서 불가피하게 생긴 잡음을 쉽게 찾아낼 수 있다.

펜지어스와 윌슨은 지구의 대기로부터 전파 잡음이 발생할 수 있지만, 그것은 안테나의 방향에 따라 차이가 날것이라고 예상했다. 실제로 그 잡음은 안테나가 가리키는 방향의 대기의 두께에 비례한다. 예를 들어, 안테나가 천정(天頂) 쪽을 향하면 더 작고, 지평선 쪽을 향하면 더 크다. 이렇게 생기는 잡음은 별의 경우처럼 안테나의 방향을 바꾸어 봄으로써 찾아낼 수 있다. 이 잡음을 빼고 나면, 이로부터 안테나의 구조에서 생기는 잡음이 무시할 수 있을 정도로 작다는 것을 확인할 수 있다.

1964년 봄, 펜지어스와 윌슨은 놀랍게도 7.35센티미터의 파장에서 방향에 무관하게 상당한 양의 전파 잡음이 잡힌다는 것을 알았다. 그들은 또 이 전파 잡음이 하루 종일 그리고 계절의 변화와 무관하게 늘 일정하다는 것을 발견했다. 관측된 전파 잡음이 방향과 무관하다는 사실은 이전파가 펜지어스와 윌슨의 원래 기대와는 달리 은하수가 아니라 우주의 훨씬 더 큰 부분에서 온다는 것을 아주 강하게 암시했다.

① 지구 대기에 의해 발생하는 잡음은 방향 의존성을 갖는다.
② '냉부하 장치'를 사용하면 안테나의 구조 때문에 발생하는 잡음이 없어진다.
③ 펜지어스와 윌슨은 은하수가 고유한 전파를 방출하고 있을 것으로 예상했다.
④ 지구의 공전 및 자전과 관계없이 7.35센티미터의 파장에서 전파 잡음이 감지된다.

⑤ 전파원과 그 주변의 허공에서 나오는 전파를 비교하여 전파원의 고유 전파를 더 정확하게 알 수 있다.

정답 해설 펜지어스와 윌슨이 사용한 냉부하 장치는 잡음을 찾아내기 위한 것이지 없애기 위한 것이 아니다. 그러므로 ②는 제시문과 부합하지 않는다.

---

05 다음 글의 설명에 따를 때, 결과적으로 온실 효과를 커지게 만드는 사례를 〈보기〉에서 모두 고르면?

온실 효과의 주원인으로 꼽히는 기체는 이산화탄소이다. 이산화탄소는 탄소 원자 하나와 산소 원자 두 개로 이루어진 기체이다. 지구에 들어온 태양 에너지는 다시 대기권 밖으로 나가지만, 대기 중에 있는 이산화탄소가 이를 방해하면 결국 지구의 온도가 상승하는데, 이를 온실 효과라 한다. 만일 지구 전체의 물질 대사에 참여하고 있는 탄소 중 대기에 이산화탄소로 존재하는 탄소들이 늘어난다면, 결과적으로 온실 효과는 커지고 지구의 온도도 계속 상승한다. 화석 연료를 태우면 언제나 대기 중의 이산화탄소가 늘어난다고 한다.

보기

ㄱ. 캐나다 밴쿠버에 사는 A씨와 그의 이웃들은 추운 겨울이 되면, 주유소에서 사온 등유로 난로를 켜서 추위를 면한다.

ㄴ. 원자력 반응로의 반응 속도를 조절하는 데 사용되는 제어봉에는 탄소가 들어 있다. 한국의 원자력 발전소 B는 원자력 반응로의 수를 늘리면서 탄소제어봉을 더 많이 소비했다.

ㄷ. 수소를 이용한 화학반응을 통하여 전기와 열을 생산하는 기술을 수소 연료전지 기술이라고 한다. 최근에 토고에 있는 회사 C는 새로운 탄소나노튜브를 이용하여, 이 연료전지의 효율을 높이는 데 성공했다.

ㄹ. 인도 벵골에 사는 D씨는 마을 숲의 크기를 일정하게 유지하면서 숲의 나무를 베어 취

사에 사용한다. D씨가 나무를 태울 때 나오는 이산화탄소의 총량은 숲의 나무가 광합성에 소비하는 이산화탄소의 총량보다 적다.

ㅁ. 일본의 한 자동차 회사는 자동차를 멈출 때 자동차의 운동에너지를 전기에너지로 전환해 두었다가 이 전기 에너지를 저속 주행 시에 이용하여 자동차의 에너지 효율을 높이는 자동차를 개발하였다. 이 자동차는 기존의 휘발유 자동차와 같은 연료를 사용한다. 도쿄의 E씨는 최근 이 자동차를 새로 장만하여 출퇴근하고 있다.

① ㄱ, ㄹ   ② ㄱ, ㅁ
③ ㄴ, ㅁ   ④ ㄱ, ㄷ, ㅁ
⑤ ㄴ, ㄷ, ㄹ

ㄱ. 석유의 한 종류에 해당하는 등유를 켜서 추위를 면한다고 했으므로 온실효과를 커지게 만드는 사례에 해당한다.

ㄴ. 탄소제어봉에 탄소가 들어있다고는 했지만 이것이 직접적으로 이산화탄소를 발생시키는지는 알 수 없으므로 온실효과를 커지게 만드는 사례에 해당한다고 단정 짓기는 어렵다.

ㄷ. 탄소나노튜브 역시 탄소 방출이나 이산화탄소 방출에 직접적으로 관여하는지 확인할 수 없으므로 온실효과를 커지게 만드는 사례에 해당한다고 할 수 없다.

ㄹ. 온실효과를 커지게 만드는 사례로 보기 어렵다.

ㅁ. 에너지 효율이 높은 자동차라고 하여도 휘발유 자동차와 같은 연료를 사용한다면 이산화탄소를 발생시킬 것이므로 이는 온실효과를 커지게 만드는 사례에 해당한다.

따라서 온실효과를 커지게 만드는 사례는 'ㄱ', 'ㅁ'이다.

06 다음 글을 통해 알 수 <u>없는</u> 것은?

지구, 달, 태양의 운동이 매우 잘 알려져 있기 때문에 일식은 비교적 먼 미래까지 분 단위 이하의 정확도로 예측할 수 있다. 일식은 사로스 주기라고 알려져 있는 6585.32일, 다시 말해서 약 223 삭망월마다 반복된다. 한 사로스 주기마다 일정한 비율로 일식과 월식이 일어난다(월식 29회, 개기 일식 10회, 부분 일식 14회, 금환 일식 17회). 만일 사로스 주기가 정확히 6585일이라면 사로스 주기마다 지구상의 같은 지점에서 일식이 일어날 것이다. 그러나 0.32일(약 8시간)의 차이가 있기 때문에 그 시간 동안 지구가 117°만큼 더 자전하므로 일식이 일어나는 지점도 달라진다. 따라서 일식 자체는 주기적으로 일어나는 현상이지만 이를 쉽게 알아챌 수 없게 된다.

개기 일식을 관찰할 수 있다는 것은 매우 우연적인 결과이다. 지구의 위성인 달이 태양보다 1/400 정도로 그 크기가 작지만, 현재 시점에서 달은 태양보다 우리에게 400배 정도 가까이에 위치해 있다. 그러므로 하늘에 떠있는 달과 태양은 겉보기 크기가 거의 비슷하여 개기 일식을 연출할 수 있는 것이다. 태양계 내의 행성이나 위성의 궤도는 그들 간의 상호 작용 또는 혜성의 근접에 의해 변화될 가능성이 있다. 우리 태양계에서는 지구와 명왕성을 제외하고 개기 일식을 볼 수 있는 행성이 없다. 그러나 명왕성은 지구에 비해 태양에서 아주 멀리 떨어져 있기 때문에 그곳에서는 지구에서와 같은 장관을 보기는 어려울 것이다. 화성, 목성, 토성 등의 다른 행성에서는 위성의 크기가 너무 작거나 또는 너무 멀리 떨어져 있기 때문에 위성이 태양을 완전히 가리는 것은 불가능하다.

① 개기 일식은 미래의 상당한 기간 동안 비교적 정확하게 예측 할 수 있다.

② 일식 위치가 매번 바뀌는 현상은 사로스 주기의 소수 부분 0.32와 관련이 있다.

③ 명왕성에서도 일식이 일어날 수 있으며, 그 주기는 사로스 주기와 같을 것이다.

④ 만일 달이 현재의 위치보다 지구에서 두 배 더 멀리 떨어져 있다면 개기 일식은 일어날 수 없을 것이다.

⑤ 지구상의 특정 위치에서 일식을 관찰하기보다 지구 전체로 생각하는 것이 일식의 주기를 알아내는 더 쉬운 방법이다.

정답해설 제시문에서는 지구, 달, 태양의 운동 관계에 따라 사로스 주기를 관찰할 수 있다고 하였다. 그러나 명왕성의 경우는 명왕성계의 위성관계에 따라 일식이 일어날 것이므로 ③의 내용은 적절하지 못하다.

07 다음 글에 따를 때, 역설을 발생시키는 것을 〈보기〉에서 모두 고르면?

참이라고 가정하면 거짓이 되고 거짓이라고 가정하면 참이 되는 문장을 역설적이라고 한다. 아마도 가장 오래된 역설은 기원전 6세기의 크레타 철학자 에피메니데스가 말했다고 전해지는 "모든 크레타인은 거짓말쟁이다"일 것이다. 또한 기원전 4세기의 에우불리데스는 "내가 지금 하는 말은 거짓이다"라고 했다고 한다. 이런 유형의 역설을 통상 의미론적 역설이라 하는데 '참이다', '거짓이다', '정의 가능하다'와 같은 의미론적 개념들이 포함되어 있다는 것이 특징이다. 그런 의미론적 개념들이 명시적으로 드러나 있지는 않지만 "이 명령을 따르지 말라"는 명령 또한 변형된 형태로서 역설적인 상황을 초래한다. 의미론적 역설 가운데 다음 그렐링의 역설은 특히 흥미롭다. '그 스스로에게 참인'이라는 뜻의 'homological'을 '동술적'이라고 번역하고, '그 스스로에게 참이 아닌'이라는 뜻의 'heterological'을 '이술적'이라고 번역해 보자. 이를테면 '검은'이라는 표현은 검다는 뜻을 가지며 실제로도 현재 검게 표기되어 있다는 점에서 그 스스로에 대해서도 그 뜻이 참되게 적용된다. 이런 의미에서, '검은'은 동술적이다. 한편, '긴'이라는 단어는 길다는 뜻이지만 그 자체로서는 한 글자 짜리의 짧은 단어이므로 그 뜻이 자기 자신에게는 참되게 적용되지 않는다는 의미에서 이술적이다. 그 밖에도 '한글', 'English'는 동술적이며, '영어', 'Korean'은 이술적이다. 그렐링의 역설은 "'이술적이다'가 이술적이다"는 문장이 역설적이라는 것이다.

보기

ㄱ. 이 문장은 거짓이다.
ㄴ. '맛있다'는 이술적이다.
ㄷ. '시끄럽다'는 동술적이다.

① ㄱ
② ㄴ
③ ㄱ, ㄴ
④ ㄴ, ㄷ
⑤ ㄱ, ㄴ, ㄷ

정답해설
ㄱ. 참이라 가정하면 거짓이며 거짓이라 하면 참이 된다고 하였으므로 역설에 해당한다.
ㄴ. '맛있다'는 표현이 맛있을 수는 없다는 점에서 거짓이므로 '맛있다'가 이술적이라는 것은 참이다. 그러나 역설은 참일 경우 거짓이 되고 거짓이라 할 경우 참이 되어야 하므로 역설에는 해당하지 않

는다.

ㄷ. '시끄럽다'는 표현 자체에서 소리가 나지는 않으므로 이술적인 것에 해당하며 이 문장은 거짓에 해당한다.

08 다음 글에서 알 수 있는 것은?

공직(公直)은 연산 매곡 사람이다. 어려서부터 용감하고 지략이 있었다. 신라 말기에 스스로 장군이라 칭하며 백성들을 이끌고 신라로부터 독립하였다. 당시 난리가 나서 백제를 섬기게 되었고 견훤의 심복이 되어 큰아들 공직달, 작은아들 공금서 및 딸 하나를 백제에 볼모로 두었다.

공직은 일찍이 백제에 입조하였다가 견훤의 잔인무도함을 보고 공직달에게 말하기를, "지금 이 나라를 보니 사치하고 무도한지라 나는 비록 심복으로 있었지만 다시는 여기로 오지 않겠다. 듣건대 고려 왕공(王公)의 문(文)은 백성을 안정시킬 만하고 무(武)는 난폭한 자를 금제할 수 있을 만하다고 한다. 때문에 사방에서 그의 위엄을 무서워 하지 않는 자가 없으며 그의 덕을 따르지 않는 자가 없다한다. 나는 그에게 귀순하려는데 너의 뜻은 어떠하냐?" 하니 공직달이 대답하기를, "볼모로 온 후 이곳 풍속을 보니 이들은 부강만 믿고 서로 다투어 교만하며 자랑하기만 힘쓰니 어찌 나라를 유지할 수 있겠습니까? 지금 아버님께서 현명한 군주에게 귀순하여 우리 마을을 보존하고 편안케 하고자 하시니 어찌 마땅한 일이 아니겠습니까! 저는 마땅히 아우와 여동생과 함께 틈을 타서 고려로 가겠습니다. 설사 거기로 가지 못한다 하더라도 아버님의 명철하신 조처 덕에 자손에게 경사가 미칠 터이니 저는 비록 죽어도 한이 없겠습니다"라고 하였다.

공직은 드디어 결심하고 태조에게 귀순하였다. 태조가 기뻐하여 말하기를, "그대가 치세와 난세, 흥성과 패망의 기미를 명확히 관찰하여 나에게 귀순하였으니 나는 매우 가상히 생각한다. 그대는 더욱 심력을 다하여 변경을 진무하고 우리 왕실의 울타리가 될지어다"라고 하였다.

공직이 사례하고 이어 말하기를, "백제의 일모산군(一牟山郡)은 저의 고을과 접경인데, 제가 귀순했다는 이유로 견훤의 무리가 항상 와서 침범하고 약탈하므로 백성들이 생업에

안착하지 못하고 있습니다. 제가 그곳을 공격·점령하여 저의 고을 백성들로 하여금 약탈을 당하지 않고 오로지 농업과 양잠에 힘쓰며 태조께 충실히 귀화하도록 하고 싶습니다"라고 하니 태조가 이를 허락하였다. 견훤은 공직이 왕건에게 귀순하였다는 소식을 듣고 크게 노하여 공직달 등을 옥에 잡아 가두고 뜨거운 쇠로 다리 근육을 끊었다. 그래서 공직달은 죽었다.

① 왕건은 귀순한 인물들의 힘을 빌려 천하를 통일하였다.
② 공직은 일모산군을 공격하여 백성을 안정시킬 수 있었다.
③ 공직이 왕건에게 귀순하자 그의 마을 사람들이 크게 반겼다.
④ 신라 말 지방에서는 독자적인 권력을 행사하는 세력이 있었다.
⑤ 백제에서는 가족 중 한 사람이 배신하면 나머지 가족을 모두 처형했다.

정답해설 공직이 신라 말기에 스스로 장군이라 칭하며 백성들을 이끌고 신라로부터 독립했다는 것이나 마을을 위해 스스로 판단하여 고려에 귀순한 등의 행동으로 보아 적절한 내용이다.

09   다음 제시된 글의 내용과 일치하지 <u>않는</u> 것은?

윤리학은 규범에 관한 진술을 연구하는 학문이다. 우리가 하나의 규범을 진술하고 있는지 아니면 가치 판단을 진술하고 있는지에 관한 문제는 단지 설명 방식의 차이에 불과하다. 규범은 예를 들어 "살인하지 말라"와 같은 명령 형식을 가지고 있다. 이 명령에 대응하는 가치 판단은 "살인은 죄악이다"와 같은 것이다. "살인하지 말라"와 같은 규범은 문법적으로 명령 형식이며, 따라서 참이거나 거짓으로 드러날 수 있는 사실적 진술로 간주되지 않을 것이다. 그러나 "살인은 죄악이다"와 같은 가치 판단은 규범의 경우와 마찬가지로 단지 어떤 희망을 표현하는 것에 불과하지만 문법적으로는 서술문의 형식을 가지고 있다. 일부 사람들은 이러한 형식에 속아 넘어가서 가치 판단이 실제로는 하나의 주장이며, 따라서 참이거나 거짓이 되어야만 한다고 생각한다. 그러므로 이들은 자신의 가치 판단에 관한 근거를 제시하고 이를 반대하는 사람들의 주장을 논박하려고 노력한다. 그러나 실제로 가치 판단은 오해의 소지가 있을 문법적 형식을 가진 명령이다. 그것은 사람들의 행위에 영향을 미칠 수 있으며 이러한 영향은 우리들의 희망에 부합하거나 부합하지 않을 뿐이지 참이거나 거짓이라고 할 수 없다.

① 가치판단은 그 문법적 형식에서 규범에 관한 진술과 구별된다.
② "도둑질하지 말라"라는 규범을 사실적 진술로 간주해서는 안 된다.
③ "도둑질은 나쁜 일이다"와 같은 진술은 참이거나 거짓이라고 할 수 없다.
④ 윤리학은 사실적 진술을 다루는 경험과학과 그 연구대상의 성격에서 차별화되지 않는다.
⑤ "곤경에 빠진 사람을 도와주는 것은 좋은 일이다"와 같은 진술은 사람들의 태도와 행동에 영향을 미칠 수 있다.

정답해설   제시문에서 윤리학은 규범에 관한 진술을 다루는 학문이지만, 가치판단의 진술 역시 희망을 표현하며 참이나 거짓을 따질 수 없고 사람들의 행위에 영향을 미칠 수 있다는 점에서 규범과 비슷하다는 내용을 담고 있다. 규범과 가치판단의 이러한 성격은 '사실적 진술'과 뚜렷이 구별된다. 즉 사실적 진술은 이들과 달리 희망이 아니라 사실을 표현하며 따라서 참이나 거짓을 따질 수 있기 때문에 윤리학의 대상이 되기 어렵다.

10 다음 제시된 글의 내용을 통해 알 수 <u>없는</u> 것은?

동물이 스스로 소리를 내서 그것이 물체에 부딪쳐 되돌아오는 반사음을 듣고 행동하는 것을 반향정위(反響定位)라고 한다. 반향정위를 하는 대표적인 육상 동물로는 박쥐를 꼽을 수 있다. 야간에 활동하는 박쥐가 시각에 의존하지 않고도 먹이를 손쉽게 포획하는 것을 보면 반향정위는 유용한 생존 전략이라고 할 수 있다. 박쥐는 성대에서 주파수가 40~50kHz인 초음파를 만들어 입이나 코로 방사(放射)하는데, 방사 횟수는 상황에 따라 달라진다. 먹이를 찾고 있을 때는 1초에 10번 정도의 간격으로 초음파를 발생시킨다. 그리고 먹이에 접근할 때는 보다 정밀한 정보 수집을 위해 1초에 120~200번 정도의 빠른 템포로 초음파를 발생시켜 먹이와의 거리나 먹이의 방향과 크기 등을 탐지(探知)한다. 박쥐는 되돌아오는 반사음을 세밀하게 포착하기 위해 얼굴의 반 이상을 차지할 만큼 크게 발달한 귀를 갖고 있다. 그리고 달팽이관의 감긴 횟수가 2.5~3.5회로 1.75회인 인간보다 더 많기 때문에 박쥐는 인간이 들을 수 없는 매우 넓은 범위의 초음파까지 들을 수 있다. 박쥐는 주로 곤충을 먹고 산다. 그런데 어떤 곤충은 박쥐가 내는 초음파 소리를 들을 수 있기 때문에 박쥐의 접근을 눈치 챌 수 있다. 예를 들어 박쥐의 주요 먹잇감인 나방은 초음파의 강약에 따라 박쥐와의 거리를 파악할 수 있고, 왼쪽과 오른쪽 귀에 들리는 초음파의 강약 차이에 따라 박쥐가 다가오는 좌우 수평 방향을 알 수 있다. 박쥐가 다가오는 방향의 반대쪽 귀는 자신의 몸이 초음파를 차단(遮斷)하고 있기 때문에 박쥐가 다가오는 쪽의 귀보다 초음파가 약하게 들린다. 또한 초음파의 강약 변화가 반복적으로 나타나는지 아닌지에 따라 박쥐가 다가오는 상하 수직 방향도 알 수 있다.

① 박쥐는 입이나 코에서 초음파를 만들어 낸다.
② 박쥐는 반향정위에 적합한 신체 구조를 지니고 있다.
③ 박쥐는 초음파를 통해 먹이의 방향과 크기 등을 파악할 수 있다.
④ 달팽이관의 감긴 횟수는 초음파의 지각 능력과 관련이 있다.
⑤ 나방은 양쪽 귀에 들리는 초음파의 강약에 따라 박쥐의 움직임을 포착한다.

정답 해설 박쥐는 성대에서 주파수가 40~50kHz인 초음파를 만들어 입이나 코로 방사한다. 따라서 입이나 코에서 초음파를 만들어내는 것이 아니라 성대에서 만들어낸다.

오답 해설 ④ 박쥐는 달팽이관이 감긴 횟수가 인간보다 더 많아 인간이 들을 수 없는 범위의 초음파까지 박쥐는

들을 수 있다고 언급하고 있으므로, 달팽이관의 감긴 횟수는 초음파를 지각하는 능력과 관련이 있음을 알 수 있다.

⑤ 나방은 왼쪽과 오른쪽 귀에 들리는 초음파의 강약 차이에 따라 박쥐가 다가오는 좌우 수평 방향을 알 수 있고, 초음파의 강약 변화가 반복적으로 나타나는지 아닌지에 따라 박쥐가 다가오는 상하 수직 방향도 알 수 있다.

11 다음 제시된 문단을 순서대로 가장 바르게 배열한 것을 고르면?

(가) 냉전이 종식되었던 1980년대 입자가속기의 건설이 취소되었고, 1990년대 중엽 이후에 미국의 과학계는 과학에 대한 시민사회의 신뢰를 다시 회복하기 위해서 필사적으로 애를 쓰기 시작했다.

(나) 옛 소련과의 냉전 상황에서 과학자들은 거대한 입자가속기가 필요한 입자물리학 같은 거대과학을 추진했으며, 군사적 필요와 관련된 컴퓨터공학과 전자공학에는 엄청난 규모의 연구비가 투입되었다.

(다) 미국의 과학계가 인문학적 비판들을 선별적으로 수용해서 과학연구가 이룰 수 있는 혜택과 문제점을 보다 현실적으로 제시했다면, 1990년대 이후 신뢰를 다시 구축하기 위해서 애를 쓰지 않았어도 되었을지도 모른다.

(라) 그렇기 때문에 과학자들은 인문학자들의 과학비판을 반과학적 난센스로 간주할 것이 아니라, 혹시 과학이 너무 과도한 약속을 한 뒤에 이를 지키지 못했기 때문에 이러한 비판이 나오는 것이 아닌지 반성해보아야 한다.

① (가) - (나) - (다) - (라)
② (가) - (나) - (라) - (다)
③ (나) - (가) - (다) - (라)
④ (나) - (라) - (다) - (가)
⑤ (다) - (가) - (나) - (라)

 (나) 냉전 시대에 군사적 필요와 관련하여 엄청난 규모의 연구비가 투입되었다.
(가) 냉전 종식 후 1980년대와 1990년대 중엽에 미국 과학계가 신뢰를 회복하기 위한 노력을 했다는

내용이다.

(다) '신뢰를~모른다'라는 구절을 통해서 (나)문장과 이어지는 내용임을 알 수 있다.

(라) 미국의 과학자들이 인문학적 비판을 수용하지 않아서 발생한 어려움에 대해 언급한 (다)에 이어서, 인문학자들의 비판에 대한 과학자들의 반성이 필요하다는 주장을 하고 있다.

12 다음 제시된 글을 읽고 주제로 가장 적절한 것은?

대중예술에 대한 변호를 자청하는 지식인들도 있기는 하다. 그러나 그들의 문제점은 대개 대중예술이 지닌 미적 결점을 너무 쉽게 인정해 버린다는 점이다. 그들은 고급예술을 뒷받침하는 미학적 이데올로기와 대중예술에 대한 고급예술 지지자들의 미적 비판을 무비판적으로 지지한다. 그러면서 대중예술의 타당성에 호소하는 것이 아니라 사회적 필요와 민주적 원리 같은 '정상참작'에 호소한다. 예를 들어 대중문화에 대한 강력한 옹호자인 하버트 갠스도 대중문화의 미적 빈곤함과 열등함은 인정한다. 창조적 혁신, 형식에 대한 실험, 심오한 사회적·정치적·철학적 질문들의 탐구, 여러 층위에서 이해할 수 있는 깊이 등을 가진 고급예술은 더 크고 더 지속적인 미적 만족을 제공하는 반면, 대중문화는 이러한 미적 특징을 결여하고 있다는 것이다. 그러나 자신들이 즐길 수 있는 유일한 문화적 산물인 대중문화를 선택한다는 이유로 하류계층을 비난할 수는 없다고 갠스는 주장한다. 왜냐하면 그들은 고급문화를 선택하는데 필요한 사회·경제적 교육 기회를 갖지 못하기 때문이다. 민주 사회는 그들에게 고급문화를 즐길 수 있는 적정한 교육과 여가를 제공하고 있지 못하므로 그들의 실제적인 취미에 대한 욕구와 기준을 충족시켜 줄 수 있는 문화로서의 대중예술을 허용해야 한다고 갠스는 주장하였다.

이러한 주장은 대중문화가 더 나은 선택을 할 수 없는 사람들에게만 유효한 것이라는 결론을 이끌 뿐이다. 대중예술은 찬양의 대상이 아니라 모든 사람이 더 높은 취향의 문화를 선택할 수 있는 충분한 교육적 자원이 제공될 때까지만 관대히 다루어져야 하는 대상이 되는 셈이다. 대중예술에 대한 이러한 사회적 변호는 진정한 옹호를 침해한다. 대중예술에 대한 옹호는 미적인 변호를 필요로 하는 것이다. 그러나 그러한 옹호가 쉽지 않은 또 하나의 이유가 있다. 우리는 고급예술로는 천재의 유명한 작품만을 생각하는 반면, 대중예술의 예로는 대중예술 중에서도 가장 평범하고 규격화된 것들을 생각한다는 점이다. 하지만 불행히도 미적으로 평범한, 심지어는 나쁜 고급예술도 많다. 고급예술에 대한 가장 열성적인 옹호자조차도 이 점은 인정할 것이다. 모든 고급예술이 흠 없는 명작들이 아니듯, 모든 대중예술이 미적 기준이 전혀 발휘되지 못한 몰취미하고 획일적인 산물인 것도 아니다. 이 두 예술 모두에서 성공과 실패의 미적 차이는 존재하며 또 필요하다.

① 미적인 변호를 통한 대중예술의 옹호는 쉽지 않다.
② 대중예술의 미적 가치에 대한 옹호가 대중예술에 대한 진정한 옹호이다.
③ 대중예술과 고급예술의 구분 자체가 고급예술 옹호자들의 편견일 수 있다.
④ 대중예술이 열등하다는 인식을 극복하기 위해 그것의 미적 특징을 밝히는데 힘써야 한다.
⑤ 다양한 층위에서 이해할 수 있는 깊이를 지닌 고급예술은 대중예술에 비해 지적 만족이 더 크다.

정답해설 제시문은 갠스의 주장을 예로 들어 대중예술이 고급예술을 선택할 여건이 되지 않는 사람들에게 유효한 것이라는 사회적 변호는 대중예술에 대한 진정한 옹호를 침해하므로 대중예술에 대한 옹호는 미적인 변호를 필요로 한다고 주장하고 있다.

13 다음 제시된 글을 읽고 주제로 가장 적절한 것은?

말은 그 겨레의 삶의 역사 속에서 자라난, 정신적인 깊이를 간직하고 있을 뿐만 아니라 미래를 형성할 수 있는 가능성을 열어준다. 말은 그 자체가 고정적인 하나의 의미를 가진 것이 아니고 사용하는데 따라서 새로운 의미를 갖게 된다. 또한 철학적인 의미를 표현하는 말들도 곧 통속적인 유행말로 굳어져 그 생동성과 깊이를 잃어버리고 의미가 변질될 수도 있다. 그러므로 철학자는 알맞은 말의 발견을 통해서 큰 즐거움을 맛보기도 하지만 말의 경화와 의미 상실을 통해서 큰 고통을 경험하기도 한다. 그런데 철학적인 표현뿐만 아니라 모든 언어생활에 있어서 이러한 경화와 의미 상실을 완전히 회피할 수는 없다는 데에 말의 숙명이 있다. 따라서 우리는 말을 중요하게 다루지 않을 수 없지만, 그것은 또한 언제나 이른바 '말장난'으로 타락할 수도 있다는 것을 알아야 한다. 이것을 막기 위해서 우리는 말을 위한 말에 관심을 가질 것이 아니라, 말을 통하지 않고는 드러날 수도 없고 파악될 수도 없는 현실, 그러나 또한 굳은 말의 틀 안에만 머물러 있을 수 없는 현실에 관심을 가지면서 말을 다루어야 한다.

① 오래되고 굳어진 말은 언어로서의 기능을 잃어버리게 된다.
② 말은 그 생동적 힘에 의해 철학적 의미가 거듭해서 밝혀지게 된다.
③ 철학적인 의미를 표현하는 말들은 그 생동성과 깊이를 잃어버리지 않는다.
④ 말은 현실을 묘사할 뿐만 아니라, 우리의 역사적인 삶을 창조하기도 한다.
⑤ 말의 창조적인 힘을 충분히 발휘시킬 수 있는 현실 안에서 말의 생동성을 살리는 것이 필요하다.

> **정답
> 해설** 제시문은 말을 통해서만 드러나고 파악될 수 있는 현실, 틀 안에 머무르지 않는 현실에 관심을 가지고 말을 다루어야 말이 통속적으로 굳어버리거나, 의미가 변질·상실되는 것을 막을 수 있다고 주장하고 있다. 즉, 말이 생동감과 깊이를 잃지 않는 방안에 대해 언급하고 있음을 알 수 있다.

14 다음 표는 폐기물 매립지 주변의 거주민 1,375명을 대상으로 특정 질환 환자 수를 파악한 것이다. 매립지 주변 거주민 중 환자의 비율을 고르면?

〈표〉 거주민 특성별 특정 질환 환자 수 현황

구분	매립지와의 거리			
	1km 미만	1~2km 미만	2~3km 미만	3~5km 미만
거주민	564	428	282	101
호흡기 질환자 수	94	47	77	15
피부 질환자 수	131	70	102	42

※ 환자 수＝호흡기 질환자 수＋피부 질환자 수 (단, 두 가지 질환을 동시에 앓지는 않음)

① 약 21%   ② 약 35%

③ 약 42%   ④ 약 58%

⑤ 약 64%

정답해설 두 가지 질환을 동시에 앓지 않으므로 매립지 주변 거주민 중 환자의 비율은
$$\frac{(94+131)+(47+70)+(77+102)+(15+42)}{1375} \times 100 = 42\%$$ 이다.

15 다음 표는 **1,000명**의 화물운전자들에게 **5개** 제조회사에서 생산되는 타이어제품에 대해 소비자 선호도를 조사한 결과를 정리한 것이나, 데이터 작업자의 실수로 일부 자료가 삭제되었다. 소비자 선호조사는 **1,000명**의 화물운전자들에게 **5개** 제조사 타이어제품 중 **1개** 제품을 **1차** 선택하게 한 후, **2일** 동안 사용한 후에 다시 **1개** 제품을 **2차** 선택하도록 수행되었다. 이 자료에 대한 설명으로 옳은 것을 〈보기〉에서 모두 고르면?

〈표〉 5개 제조사 타이어제품에 대한 소비자 선호조사 결과

1차 선택 \ 2차 선택	A사	B사	C사	D사	E사	계
A사		17	15	23	10	185
B사	22	89	11		14	
C사	17	11		13	12	188
D사	15		21	111	21	202
E사		18	13	15		257
계	185	169			257	1,000

보기

ㄱ. 5개 제조사 타이어제품 중 1차에서 가장 많이 선택된 제품을 나열하면 E사 – D사 – C사 – A사 – B사 제품의 순이다.

ㄴ. 5개 제조사 타이어제품 중 1차와 2차에 걸쳐 동시에 가장 많이 선택된 제품을 나열하면 E사 – C사 – A사 – B사 – D사 제품의 순이다.

ㄷ. 1차에서 B사 제품을 선택하였으나 2차에서 D사 제품을 선택한 화물운전자의 수는 1차에서 D사 제품을 선택하였으나 2차에서 B사 제품을 선택한 화물운전자의 수보다 더 크다.

① ㄱ

② ㄷ

③ ㄱ, ㄴ

④ ㄴ, ㄷ

⑤ ㄱ, ㄴ, ㄷ

우선 표의 각 빈칸을 채워보면

2차 선택 1차 선택	A사	B사	C사	D사	E사	계
A사	120	17	15	23	10	185
B사	22	89	11	32	14	168
C사	17	11	135	13	12	188
D사	15	34	21	111	21	202
E사	11	18	13	15	200	257
계	185	169	195	194	257	1,000

ㄱ. (참) 1차 선택은 오른쪽 마지막 열의 계를 확인해보면 E사 제품이 257개로 가장 많다. 순서대로 정리하면 E – D – C – A – B이다.

ㄴ. (거짓) 1차와 2차에 걸쳐 동시에 같은 제품을 선택한 숫자는 왼쪽 위부터 오른쪽 아래로 향하는 대각선이므로 순서대로 정리하면 E – C – A – D – B이다.

ㄷ. (거짓) 1차에서 B사 제품을 선택하였으나 2차에서 D사 제품을 선택한 숫자는 32, 1차에서 D사 제품을 선택하고 2차에서 B사 제품을 선택한 숫자는 34이므로 옳지 않다.

따라서 옳은 것은 ㄱ이다.

16 다음 제시된 문단을 순서대로 가장 바르게 배열한 것은?

(가) 도덕적 해이란, 일반적으로 보험 회사가 가입자의 행태를 완벽하게 감시, 감독할 수 없으므로, 보험 회사가 생각할 때 가입자가 최상이라고 생각하는 만큼의 노력을 기울이지 않는 현상, 즉 보험가입자가 위험 발생 가능성이 높아지는 현상을 말한다.

(나) 즉, 시장에 참여한 거래 당사자(예를 들어, 생산자와 소비자) 간에 쌍방이 동일한 양의 정보를 가지고 있기보다는 한쪽이 더 많은 정보를 가지고 있다는 문제이다. 이로 인해 도덕적 해이와 역선택의 문제가 발생하게 된다. 이를 보험 시장에 적용하여 알아보자.

(다) 정부가 시장에 개입하게 되는 주요 논거는 시장의 결함 또는 시장의 실패이다. 시장 실패는 여러 가지 원인에 의하여 발생하는데 그 중 하나는 정보의 비대칭성이다.

(라) 한편 역선택이란, 시장에서 미래에 발생할 위험에 대비한 보험을 공급하는 측(예를 들어, 보험회사)이 보험에 가입하려는 사람들의 위험 발생 가능성에 대한 정보를 충분히 갖고 있지 못한 상황에서, 위험이 발생할 가능성이 높은 사람들이 집중적으로 이러한 보험을 구입하게 되는 현상을 말한다.

① (가) - (나) - (다) - (라)　　② (가) - (라) - (다) - (나)
③ (나) - (가) - (다) - (라)　　④ (다) - (나) - (가) - (라)
⑤ (다) - (라) - (가) - (나)

정답
해설
주어진 글은 시장이 실패하게 되는 요인 중에서 정보의 비대칭성에 대한 경우를 살피고 있다. (다)에서 시장의 실패 원인으로 정보의 비대칭성을 꼽고 있으므로 첫 번째 문단에 와야 한다. 이후 (나)에서는 정보의 비대칭성의 뜻을 설명하고, 이로 인해 도덕적 해이와 역선택의 문제가 발생하므로 그 다음은 순서대로 (가)에서 도덕적 해이의 의미와 (라)에서 역선택의 의미가 나오면 된다. 따라서 문단을 순서대로 배열하면 (다) - (나) - (가) - (라)이다.

17 다음 제시문을 읽고 추론할 수 <u>없는</u> 것은?

목조 건축물에서 골조 구조이 가장 기본적인 양식은 기둥과 부가 결합된 것으로서 두 개의 기둥 사이에 보를 연결한 구조이다. 두 기둥 사이에 보를 연결하여 건물의 한 단면이 형성되고 이를 반복하여 공간을 만든다. 이런 구조는 기둥에 대해 수직으로 작용하는 하중에는 강하지만 수평으로 가해지는 하중에는 취약하다. 이때 기둥과 보 사이에 가새를 넣어주어야 하며, 이를 통해 견고한 구조를 실현한다. 가새는 보와 기둥 사이에 대각선을 이루며 연결하는 부재이다. 기둥과 보, 그리고 가새가 서로 연결되어 삼각형 형태가 되면 골조는 더 안정된 구조를 이룰 수 있다. 이러한 삼각형 형태 때문에 보에 가해지는 수평 하중은 가새를 통해 기둥으로 전달된다. 대부분의 가새는 하나의 보와 이 보의 양 끝에 수직으로 연결된 두 기둥에 설치되므로 마주보는 짝으로 구성된다. 가새는 보에 가해지는 수직 하중의 일부도 기둥으로 전달하는 역할을 하지만, 가새의 크기와 위치를 설계할 때에는 수평 하중의 영향만을 고려한다.

① 가새는 수직 하중에 약한 구조를 보완한다.
② 가새는 수직 하중의 일부를 기둥으로 보낸다.
③ 가새는 목조 골조 구조의 안정성을 향상시킨다.
④ 가새를 얼마나 크게 할지, 어디에 설치할지를 설계할 경우에 수평 하중의 영향만을 생각한다.
⑤ 가새는 대부분 하나의 보를 받치는 두 개의 기둥 각각에 설치되므로 한 쌍으로 이루어진다.

> **정답 해설** 두 기둥 사이에 보를 연결하는 골조 구조는 수직 하중에는 강하지만 수평 하중에는 약하며, 이를 보완하기 위해 가새가 사용된다. 즉, 가새는 수평 하중에 약한 구조를 보완한다.

[18~19] 다음은 전국과 서울에서 자동차에 의해 배출되는 오염물질 배출량을 나타낸 것이다. 다음 주어진 자료를 보고 질문에 답하시오.

〈표〉 차종별 대기오염물질 배출량

(단위 : 천 톤/년, %)

지역	차종	대기오염물질									
		일산화탄소		탄화수소		질소산화물		입자상물질		계	
		배출량	구성비	배출량	구성비	배출량	구성비	배출량	구성비	배출량	구성비
전국	A	356	37	44	35	33	7	1	1	434	27
	B	100	11	12	10	15	3	0	0	127	8
	C	124	13	16	12	109	23	18	23	267	16
	D	371	39	54	43	315	67	59	76	799	49
	계	951	100	126	100	472	100	78	100	1,627	100
서울	A	113	48	14	43	10	11	0	0	137	36
	B	33	14	4	13	5	5	0	0	42	11
	C	27	11	4	13	24	26	4	29	59	16
	D	64	27	10	31	54	58	10	71	138	37
	계	237	100	32	100	93	100	14	100	376	100

※ 차종 : 승용차, 택시, 트럭, 버스

18 주어진 표에 대한 설명으로 옳은 것은?

① 전국에서 탄화수소 배출량이 가장 많은 차종은 B이다.
② 서울에서 B의 질소산화물 배출량은 A의 2배이다.
③ 전국에서 입자상물질 배출량이 가장 많은 차종은 C이다.
④ 전국과 서울 모두에서 일산화탄소를 가장 적게 배출하는 차종은 D이다.
⑤ 전국에서 차종 중 배출량이 가장 많은 것은 C이다.

정답
해설
서울에서 B의 질소산화물 배출량은 5천 톤/년이고, A의 질소산화물 배출량은 10천 톤/년이므로 B의
질소산화물 배출량은 A의 2배이다.

오답
해설
① 전국에서 탄화수소 배출량이 가장 많은 차종은 D(54천 톤/년)이다.
③ 전국에서 입자상물질 배출량이 가장 많은 차종은 D(59천 톤/년)이다.
④ 전국과 서울 모두에서 일산화탄소를 가장 적게 배출하는 차종은 각각 B(100천 톤/년), C(27천 톤/
년)이다.
⑤ 전국에서 차종 중 배출량이 가장 많은 것은 D(1,627천 톤/년)이다.

19 〈보기〉의 설명에 따라 표의 A~D에 해당하는 차종을 바르게 배열한
것은?

보기

ㄱ. 전국과 서울 모두에서 질소산화물과 입자상물질을 가장 많이 배출하는 두 차종은 버
스와 트럭이다.
ㄴ. 서울에서 일산화탄소 배출량이 가장 많은 차종은 승용차이다.
ㄷ. 전국에서 버스의 질소산화물 배출량은 승용차의 약 3.3배이다.

	A	B	C	D
①	택시	승용차	버스	트럭
②	승용차	택시	트럭	버스
③	버스	승용차	트럭	택시
④	승용차	버스	택시	트럭
⑤	승용차	택시	버스	트럭

정답
해설
차종은 승용차, 택시, 트럭, 버스로 4가지이므로 보기를 통해 바르게 배열해보면
ㄱ. 버스와 트럭은 C또는 D임을 알 수 있다.
ㄴ. 서울에서 일산화탄소가 가장 많은 것은 A이므로 A가 승용차가 된다.
ㄷ. 전국에서 승용차의 질소산화물 배출량은 330이고 이것의 3.3배인 것이 버스이므로 C(배출량 105)
가 버스임을 알 수 있다. 또한 ㄱ을 통해 D가 트럭임을 알 수 있다.
따라서 A는 승용차, C는 버스, D는 트럭이므로 남는 B는 택시가 된다.

20 어느 부처의 시설과에 A, B, C, D, E, F의 총 6명의 직원이 있다. 이들 가운데 반드시 4명의 직원으로만 팀을 구성하여 부처회의에 참석해 달라는 요청이 있었다. 만일 E가 불가피한 사정으로 그 회의에 참석할 수 없게 된 상황에서 아래의 조건을 모두 충족시켜야만 한다면 몇 개의 팀이 구성될 수 있는가?

〈조건1〉 A 또는 B는 반드시 참석해야 한다. 하지만 A, B가 함께 참석할 수 없다.
〈조건2〉 D 또는 E는 반드시 참석해야 한다. 하지만 D, E가 함께 참석할 수 없다.
〈조건3〉 만일 C가 참석하지 않게 된다면 D도 참석할 수 없다.
〈조건4〉 만일 B가 참석하지 않게 된다면 F도 참석할 수 없다.

① 4개
② 3개
③ 2개
④ 1개
⑤ 없다

정답해설 조건2에서 D와 E 둘 중 하나는 반드시 참여해야 하지만 문제에서 E는 회의에 참석할 수 없으므로 D는 참석해야 한다. 또한 조건3은 '만일 D가 참석한다면 C도 참가한다.'와 동치이므로 C도 참석해야 한다. 조건1에서 A와 B 둘 중의 하나는 반드시 구성원으로 참여해야 하나 둘이 함께 참여할 수는 없으므로 만족하는 구성 가능한 팀은 A, C, D, F 또는 B, C, D, F이다. 이때 조건4를 이용하면 B, C, D, F만 모든 조건을 만족한다.

21 다음 제시된 글의 내용과 부합하지 않는 것은?

세계화는 인적 유동성의 증가, 커뮤니케이션의 향상, 무역과 지본 이동의 폭증 및 기술 개발의 결과이다. 세계화는 세계 경제의 지속적인 성장 특히 개발도상국의 경제 발전에 새로운 기회를 열어주었다. 동시에 그것은 급격한 변화의 과정에서 개발도상국의 빈곤, 실업 및 사회적 분열, 환경 파괴 등의 문제를 야기하였다.

정치적인 면에서 세계화는 탈냉전 이후 군비 축소를 통해 국제적·지역적 협력을 도모하는 새로운 기회들을 제공하기도 하였다. 그러나 국제사회에서는 민족, 종교, 언어로 나뉜 분리주의가 팽배하여 민족 분규와 인종 청소 같은 사태들이 끊이지 않고 있다.

또한 세계화 과정에서 사람들은 정보 혁명을 통해 더 많은 정보를 갖고 여러 분야에서 직접 활동할 수 있게 되었다. 예를 들어 시민들은 인터넷이라는 매체를 통해 정부나 지방자치단체의 정책 결정 과정에 참여하게 되었다. 그러나 정보 혁명의 혜택에서 배제된 사람들은 더욱 심각한 정보 빈곤 상태에 빠져 더 큰 소외감을 갖게 되었다.

한편 세계화는 사상과 문화도 이동시킨다. 세계화로 인해 제2세계의 오랜 토착 문화와 전통이 손상되고 있음은 익히 알려진 사실이다. 그러나 이런 부정적인 측면만 있는 것은 아니다. 세계화는 기업 회계의 규범에서부터 경영 방식, 그리고 NGO들의 활동에 이르기까지 자신이 지나간 자리에 새로운 사상과 관습을 심고 있다.

이에 따라 대부분의 사회에서 자신들이 이러한 세계화의 수혜자가 될 것인가 아니면 피해자가 될 것인가 하는 문제가 주요 쟁점이 되고 있다. 세계화가 자신들의 사회에 아무런 기여도 하지 않은 채 그저 전통 문화만을 파괴해버리는 태풍이 될 것인지 혹은 불합리한 전통과 사회 집단을 와해시키는 외부적 자극제로 작용하여 근대화를 향한 단초를 제공해 줄 것인지에 대한 논의가 한창 진행 중이다.

① 세계화는 민주주의의 질적 향상을 통해 국가의 의미를 강화하였다.
② 세계화는 개방도상국의 근대화를 촉진할 수도 있지만 전통 문화를 훼손할 수도 있다.
③ 세계화는 정보의 빈익빈 부익부를 조장하여 정보 빈곤 상태에 빠진 사람들을 소외시켰다.
④ 세계화는 협력을 이끄는 힘이 되지만 다른 한편으로는 분열을 조장하는 위협이 되기도 한다.

⑤ 세계화는 세계 경제가 발전할 수 있는 기회를 주기도 했지만 경제 불안과 환경 파괴 같은 문제도 낳았다.

제시문의 내용에서 확인할 수 없는 내용이다.

② 제시문은 세계화가 긍정의 방향 또는 부정의 방향으로도 귀착될 수도 있다는 점을 전제로 하여 현재 진행되고 있는 세계화의 양면적인 모습을 여러 측면에서 진단하고 있다. 따라서 세계화의 가능성을 밝히고 있는 다섯째 문단과 사상과 문화적 측면에서의 세계화의 양면성을 논하고 있는 넷째 문단을 통해 확인할 수 있다.
③ 셋째 문단의 요지에 해당한다.
④ 정치적인 측면에서 세계화의 양면성을 논하고 있는 둘째 문단의 요지에 해당한다.
⑤ 경제적인 측면에서 세계화의 양면성을 진단하고 있는 첫째 문단의 요지에 해당한다.

[22~23] A회사는 1년에 15개의 연차를 제공하고, 매달 최대 3개의 연차를 사용할 수 있다. 다음 표를 보고 물음에 답하시오.

〈표〉 2018년 상반기(1월~6월) A~E 사원의 연차 사용 현황

구분	1월	2월	3월	4월	5월	6월
1주차	• 2일~3일 : A사원		• 2일 : C사원			• 1일 : D사원
2주차	• 10일~12일 : C사원	• 5일 : D사원 • 8일~9일 : E사원	• 8일~9일 : A사원	• 13일 : E사원	• 8일 : D사원	
3주차	• 15일 : D사원			• 17일 : B사원		• 11일~12일 : C사원 • 14일 : E사원
4주차			• 23일 : D사원	• 23~24일 : C사원		
5주차	• 29일~31일 : B사원	• 26일 : A사원, B사원				• 29일 : A사원

22

다음 중 2018년 상반기(1월~6월)에 연차를 가장 적게 사용한 사원을 고르면?

① A사원
② B사원
③ C사원
④ D사원
⑤ E사원

정답해설 A사원은 1월 2개, 2월 1개, 3월 2개, 5월 1개로 총 6개
B사원은 1월 3개, 2월 1개, 5월 1개로 총 5개
C사원은 1월 3개, 3월 1개, 4월 2개, 6월 1개로 총 7개
D사원은 1월에 1개, 2월에 1개, 3월에 1개, 5월에 1개, 6월에 1개로 총 5개
E사원은 2월에 2개, 4월에 1개, 6월에 1개로 총 4개
따라서 2018년 상반기(1월~6월)에 연차를 가장 적게 사용한 사원은 E사원이다.

23 A회사는 2018년 하반기에 9월부터 11월까지 행사 진행을 위해 연차를 포함한 휴가를 전면 금지할 예정이다. 이런 상황에서 휴가에 관한 손해를 보지 <u>않은</u> 사원을 고르면?

① A사원, C사원

② A사원, E사원

③ B사원, C사원

④ B사원, D사원

⑤ D사원, E사원

정답 해설 A회사에서는 연차를 한 달에 3개로 제한하고 있으므로, 9월~11월에 휴가를 쓸 수 없다면 앞으로 7월에 3개, 8월에 3개, 12월에 3개로 총 9개의 연차를 쓸 수 있다. 이때 손해를 보지 않으려면 이미 6개 이상의 연차를 썼어야 한다. 따라서 이에 해당하는 사원은 A사원과 C사원이다.

24 다음 단락을 내용의 흐름에 따라 순서대로 나열한 것은?

(가) 진정세균은 물이 있는 곳이라면 어디든지 서식하며, 주변의 화학 에너지를 흡수하고 때로는 자신들의 성장과 번식을 위해 태양 에너지를 이용하기도 한다. 대부분의 초기 광합성 박테리아들은 태양광선을 이용하여 주변의 황화수소 분자를 분해할 때 나오는 수소 원자를 에너지원으로 사용했던 것 같다. 그런데 지금으로부터 약 30억 년 전쯤 박테리아의 일부는 황화수소 대신 주변에 훨씬 더 풍부하게 존재하는 물에서 직접 수소를 분해할 수 있게 되었다. 그 결과 전보다 훨씬 효율적으로 생명 활동에 필요한 에너지를 생산하게 되었다. 하지만 모든 개선책에는 나름대로 대가가 따른다.

(나) 산화철의 부유물들이 대부분 가라앉고 바다가 다시 맑아졌을 무렵에는 이미 여러 가지 새로운 생물들이 생겨나 있었다. 이들 중에는 산화 작용에 의한 피해를 피해가거나 아니면 이로부터 자신들을 보호할 수 있는 방법을 터득한 종류도 있었지만, 아예 이 산소를 이용하는 적극적 해결방식을 채택한 것들도 있었다. 시원세균과 진정세균이 서로 합체하여 양분 고갈과 높아지는 산소 농도에 더 효율적으로 대응한 경우는 후자에 속한다. 이 합체의 결과로 오늘날 우리가 진핵생물이라고 부르는 새로운 생명체가 생겨났다.

(다) 박테리아의 경우 이 대가가 그렇게 큰 편은 아니었으나 무언가 불길한 조짐이 보였다. 그것은 물 분자 하나가 분해될 때마다 소중한 수소 원자를 두 개씩 얻을 수 있었지만, 동시에 매우 불안정한 산소 이온이 생겨난다는 사실이었다. 처음에 박테리아의 숫자가 그렇게 많지 않을 때에는 이 원하지 않는 부산물의 축적이 별로 문제가 되지 않았지만, 약 28억 년 전 지구상에 산소를 방출하는 박테리아들이 갑작스럽게 늘어나면서 이 변화는 누구나 쉽게 짐작할 수 있는 결과를 초래하였다.

(라) 광합성 박테리아 군집의 흔적이 해변을 따라 처음 나타나기 시작했을 무렵, 지구상에서는 그 이전에 이미 5억여 년에 걸쳐 생물의 진화가 진행되고 있었다. 그 당시에 살고 있던 생명체들에 대하여 우리가 알고 있는 정보는 극히 제한되어 있지만, 한 가지 확실한 것은 이 무렵 원래 한 종류였던 박테리아가 시원세균과 진정세균 두 종류로 갈라지게 되었다는 사실이다.

(마) 5억 년에 걸쳐 진정세균이 만들어 낸 산소는 지구의 바다들을 오염시켰을 뿐만 아니라 대기 중으로도 새어 나가기 시작하였다. 높은 농도의 철분을 포함하고 있던 지구의 원시 바다는 물에 녹지 않는 산화철이 생성됨에 따라 혼탁해지고 붉은 색을 띠게 되었다. 다시 말해서 녹이 슬어 버린 것이다. 이 현상은 고삐가 풀린 진화의 일방적 진행과정에서 생겨나는 부산물, 즉 "쓰레기"들이 생태계를 대량으로 오염시키는 결과를 가져오는 전형적인 사례이다.

① (가) - (나) - (라) - (다) - (마)

② (라) - (가) - (다) - (마) - (나)

③ (라) - (마) - (다) - (가) - (나)

④ (마) - (가) - (나) - (라) - (다)

⑤ (마) - (다) - (나) - (라) - (가)

정답해설 (라)는 논의의 대상을 끌어들이는 도입 문단의 성격을 지니므로 첫 문단으로 적절하다. (라)의 마지막 문장에서 시원세균과 진정세균에 대해 언급했고 (가)에서 진정세균에 대한 설명으로 시작하므로 (라) 다음 (가)가 위치해야 한다. 다음으로 (가)의 마지막 문장에 나오는 '대가'를 (다)의 첫 문장에 '이 대가'로 받고 있으므로 (다)는 (가) 다음에 이어지는 추가 설명 문단이 된다. 또한 (가), (다)에서 언급되는 시간의 추이를 살펴보면 30억 년 전, 28억 년 전이므로 (마)에 나오는 5억여 년은 (다) 뒤에 (마)가 위치함을 알 수 있다. 또한 (마)에 나오는 '산화철의 생성'이 (나)의 '산화철의 부유물이 가라앉는다.'는 표현으로 서술되었으므로 (마) 다음 (나)가 위치해야 한다.

따라서 문단의 순서는 (라) - (가) - (다) - (마) - (나)이다.

[25~26] 다음 표는 육아휴직 이용과 인력대체 현황이다. 물음에 답하시오.

〈표1〉 성별 육아휴직 이용인원 현황(2016~2018)

(단위 : 명)

구분	2016		2017		2018	
	대상인원	이용인원	대상인원	이용인원	대상인원	이용인원
남성	18,620	25	15,947	50	15,309	55
여성	9,749	578	8,565	894	9,632	1,133
전체	28,369	603	24,512	944	24,941	1,188

※ 육아휴직 이용률(%) = $\dfrac{\text{육아휴직 이용인원}}{\text{육아휴직 대상인원}} \times 100$

〈표2〉 육아휴직 이용과 인력대체 현황(2018)

(단위 : 명)

구분	대상 인원	이용 인원	대체 인원
중앙행정기관	14,929	412	155
지방자치단체	10,012	776	189
계	24,941	1,188	344

※ 육아휴직 인력대체율(%) = $\dfrac{\text{육아휴직 대체인원}}{\text{육아휴직 이용인원}} \times 100$

25 표1에 대한 설명으로 보기 중 옳은 것은?

보기

ㄱ. 2017년 여성의 육아휴직 이용률은 약 10.4%이다.

ㄴ. 2018년의 전체 육아휴직 이용률은 2016년에 비해 2배 이상이다.

ㄷ. 전체 육아휴직 이용인원 중 남성의 비중은 매년 증가하였다.

ㄹ. 2016년과 2018년을 비교하였을 때 육아휴직 이용률의 증가폭은 남성이 여성보다 크다.

① ㄱ, ㄴ   ② ㄱ, ㄹ

③ ㄴ, ㄹ   ④ ㄷ, ㄹ

⑤ ㄱ, ㄴ, ㄷ

정답해설 ㄱ. 2017년 여성의 육아휴직 이용률 $\dfrac{894}{8,565} \times 100 = 10.4$이다.

ㄴ. 2018년 전체 육아휴직 이용률은 $\dfrac{1,188}{24,941} \times 100 = 4.76\%$이고,

2016년 전체 육아휴직 이용률은 $\dfrac{603}{28,369} \times 100 = 2.12\%$이므로 2배 이상이다.

오답해설 ㄷ. 전체 육아휴직 이용인원 중 남성의 비중을 구해보면

2016년 : $\dfrac{25}{603} \times 100 = 4.14\%$

2017년 : $\dfrac{50}{944} \times 100 = 5.29\%$

2018년 : $\dfrac{55}{1,188} \times 100 = 4.62\%$

따라서 2018년도 육아휴직 이용 남성의 비중은 2017년도에 비해 줄어들었다.

ㄹ. 남성의 육아휴직 이용률은

2016년 : $\dfrac{25}{18,620} \times 100 = 0.13\%$

2018년 : $\dfrac{55}{15,309} \times 100 = 0.35\%$

이므로 증가폭은 0.22%이다.

여성의 육아휴직 이용률은

2016년 : $\dfrac{578}{9,749} \times 100 = 5.92\%$

2018년 : $\dfrac{1,133}{9,632} \times 100 = 5.84\%$

이므로 증가폭은 0.22%이다.

따라서 여성의 이용률 증가폭이 훨씬 크다.

26 표2에 대한 설명으로 옳지 <u>않은</u> 것은?

① 육아휴직 이용률은 중앙행정기관이 지방자치단체보다 낮다.
② 전체 육아휴직 대상 인원 중 중앙행정기관의 비율은 약 59%이다.
③ 전체 육아휴직 인력대체율은 30%를 넘지 못한다.
④ 육아휴직 인력대체율은 중앙행정기관이 지방자치단체보다 낮다.
⑤ 전체 육아휴직 이용률은 약 4.7%이다.

정답해설 육아휴직 인력대체율은 중앙행정기관이 $\frac{155}{412} \times 100 ≒ 37.6\%$이고,

지방자치단체는 $\frac{189}{776} \times 100 ≒ 24.3\%$이므로 중앙행정기관이 더 높다.

오답해설 ① 육아휴직 이용률은 중앙행정기관이 $\frac{412}{14,929} \times 100 ≒ 2.75\%$이고,

지방자치단체가 $\frac{776}{10,012} \times 100 ≒ 7.75\%$이므로 중앙행정기관이 낮다.

② 전체 육아휴직 대상 인원 중 중앙행정기관의 비율은 $\frac{14,929}{24,941} \times 100 ≒ 59.8\%$이므로 약 59%이다.

③ 전체 육아휴직 인력대체율은 $\frac{344}{1,188} \times 100 ≒ 28.9\%$이므로 30%를 넘지 못한다.

⑤ 전체 육아휴직 이용률은 $\frac{1,188}{24,941} \times 100 ≒ 4.76\%$이므로 약 4.7%이다.

27   다음 제시문을 읽고 추론할 수 <u>없는</u> 것은?

옛날 중국의 정전법(井田法)은 대단히 훌륭한 제도였다. 경계(境界)가 한결같이 바로잡히고 모든 일이 잘 처리되어서 온 백성이 일정한 직업을 갖게 되고, 병사를 찾아서 긁어모으는 폐단이 없었다. 지위의 귀천과 상하를 논할 것 없이 저마다 그 생업을 얻지 못하는 사람이 없으므로 이로써 인심이 안정되고 풍속이 순후해졌다. 장구한 세월을 지내오면서 국운이 잘 유지되고 문화가 발전되어 간 것은 이러한 토지제도의 기반이 확립되어 있었기 때문이다. 후세에 전제(田制)가 허물어져서 토지 사유의 제한이 없게 되니, 만사가 어지럽게 되고 모든 것이 이에 상반되었던 것이다.

그러므로 아무리 좋은 정치를 해보겠다는 군주가 있다 해도 전제를 바로잡지 못하면 백성의 재산이 끝내 일정할 수 없고, 부역이 끝내 공평하지 못하며, 호구가 끝내 분명하지 못하고, 형벌이 끝내 줄어들지 못하며, 뇌물을 끝내 막을 수 없고, 풍속이 끝내 순후하게 되지 못할 것이다. 이같이 되고서 좋은 정치가 행해진 적은 일찍이 없었다.

대체 이와 같은 것은 무엇 때문인가? 토지는 천하의 근본이다. 큰 근본이 잘되면 그에 따라 온갖 법도가 한 가지도 마땅하지 않은 것이 없고, 큰 근본이 문란해지면 온갖 법도가 따라서 한 가지도 마땅함을 얻지 못한다. 진실로 정치의 본체를 깊이 인식하지 못한다면, 천리(天理)와 인사(人事)의 이해득실이 이것에 귀착된다는 사실을 어떻게 알겠는가? 후세의 뜻있는 자가 지금이라도 한번 옛 제도를 시행해 보고자 하지만, 우리나라와 같은 곳에서는 가는 곳마다 산과 계곡이 많아서 땅을 정전으로 구획하기 어렵고 또한 공전(公田)과 채지(采地)*의 분배 방법 등을 잘 알지 못한다는 난점이 있다.

*채지 : 귀족들에게 주던 토지

① 좋은 정치를 행하기 위해서는 토지 제도를 바로잡아야 한다.
② 정전제가 무너진 것은 대토지소유 현상이 확산되었기 때문이다.
③ 새로운 토지 제도를 수립하려면 지형 등 환경적 요소를 고려해야 한다.
④ 우리나라에서도 정전제와 같은 훌륭한 토지 제도를 마련할 필요가 있다.
⑤ 토지 제도가 바로 세워지면 사회 · 경제가 안정될 뿐 아니라 문화도 발전한다.

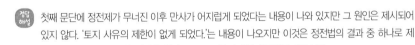

정답해설 첫째 문단에 정전제가 무너진 이후 만사가 어지럽게 되었다는 내용이 나와 있지만 그 원인은 제시되어 있지 않다. '토지 사유의 제한이 없게 되었다.'는 내용이 나오지만 이것은 정전법의 결과 중 하나로 제시되어 있다. 따라서 ②은 이것을 원인으로 보고 있기 때문에 잘못된 추론이다.

[28~29] 다음 주어진 자료를 보고 물음에 답하시오.

〈표1〉 교통수단별 소요시간과 운임(도시 내)

A시		교통수단	소요시간(분)	운임(원)	B시		교통수단	소요시간(분)	운임(원)
출발지	도착지				출발지	도착지			
회사	공항	a	40	2,000	공항	회의장	a	35	1,500
		b	30	6,000			b	25	5,000
		c	30	1,500			c	35	2,000
	고속버스터미널	a	25	1,500	고속버스터미널		a	50	2,000
		b	15	1,500			b	30	6,000
		c	20	3,000			c	30	1,500
	역	a	30	1,500	역		a	30	1,500
		b	20	4,000			b	20	4,000
		c	15	1,500			c	35	2,000

〈표2〉 교통수단별 소요시간과 운임(도시 간)

구간	교통수단	소요시간(분)	운임(원)	비고
A시 → B시	비행기	90	60,000	탑승수속시간 35분 추가 소요
	고속버스	210	40,000	
	기차	140	50,000	

28 다음 주어진 자료에 대한 설명으로 옳은 것은?

① A시 내 교통수단 중 소요 시간이 가장 적게 걸리는 것은 b이다.

② A시 내 회사에서 공항까지 가는 교통수단 중 a를 이용하는 것이 시간대비 가장 저렴하다.

③ A시에서 B시로 이동하는 교통수단 중 기차의 소요시간이 가장 짧다.

④ B시 내 고속버스터미널에서 회의장까지 가는 교통수단 중 c가 가장 저렴하다.

⑤ B시 내 공항에서 회의장까지 교통수단의 소요 시간은 모두 같다.

정답해설 B시 내 고속버스터미널에서 회의장까지 가는 교통수단 중 c가 1,500원으로 가장 저렴하다.

오답해설
① A시 내 회사 → 공항 사이에 가장 빠른 교통수단은 c, 회사 → 고속버스터미널 사이에 가장 빠른 교통수단은 c, 회사 → 역 사이에 가장 빠른 교통수단은 c이므로 교통수단 중 소요 시간이 가장 적게 걸리는 것은 c이다.

② A시 내 회사에서 공항까지 가는 교통수단 중 c(30분/1,500원)를 이용하는 것이 시간대비 가장 저렴하다.

③ A시에서 B시로 이동하는 교통수단 중 비행기(90분＋35분＝125분)의 소요시간이 가장 짧다.

⑤ B시 내 공항에서 회의장까지 교통수단의 소요 시간은 a＝c＝35분, b＝25분으로 다르다.

29 A시 소재 회사에 근무하는 안 과장은 B시에서 오후 5시에 개최하는 회의에 참석하려고 한다. 표1과 표2의 조건이 주어졌을 때, 오후 1시에 회사에서 출발하여 회의시간에 늦지 않게 도착하기 위한 방법 중 최저운임으로 갈 수 있는 방법과 최단시간에 도착할 수 있는 방법으로 옳은 것은?

	최저운임 도착방법	최단시간 도착방법
①	c → 기차 → a	c → 기차 → b
②	a → 고속버스 → c	c → 기차 → b
③	a → 비행기 → c	b → 비행기 → c
④	a → 기차 → a	c → 비행기 → b
⑤	c → 고속버스 → c	b → 비행기 → b

정답해설 오후 1시에 회사에서 출발하여 회의시간인 오후 5시에 늦게 않게 도착해야 한다는 조건이 붙어있다.

(i) 최저운임 도착방법

중간 이동 수단인 비행기나 고속버스, 기차의 운임이 각 10,000원씩 차이가 나기 때문에 고속버스를 이용하는 것이 최저운임일 가능성이 높다. 그러나 고속버스를 이용하면 이미 210분이 소요되며 회사 → A시 터미널, B시 터미널 → 회의장 사이에 가장 빠른 교통수단을 이용해도 15분+30분 =45분이 걸리므로 총 255분이 걸려 5시 15분에 도착하게 된다.

따라서 다음으로 저렴한 기차를 이용할 경우 회사 → A시 역, B시 역 → 회의장 사이에 운임이 가장 저렴한 교통수단은 각각 a와 c(1,500원), a(1,500원)이므로 'c − 기차 − a' 혹은 'a − 기차 − a' 가 최저운임 도착방법이 된다.

(ii) 최단시간 도착방법

최저운임 도착방법이 결정되었으므로, ①과 ④ 둘 중 하나가 답이 된다.

따라서 ①의 경우 'c → 기차 → b'의 경우 15분+140분+20분=175분이고, 'c → 비행기 → b'의 경우에는 30분+90분+35분(탑승수속시간)+25분=180분이다.

따라서 최단시간 도착방법은 'c − 기차 − a'의 경우이다.

(i), (ii)을 통해 최저운임, 최단시간 도착방법이 바르게 연결된 것은 ①이다.

30 $A \diamond B = (A - B)^2$이고, $A \blacklozenge B = (A + B)^2$일 때,
$(2 \blacklozenge 7) \diamond (3 \diamond 10)$의 값은?

① 2^7

② 2^8

③ 2^9

④ 2^{10}

⑤ 2^{11}

정답해설 문제에 주어진 기호의 연산으로 계산해보면
$(2 \blacklozenge 7) = (2 + 7)^2 = 9^2 = 81$
$(3 \diamond 10) = (3 - 10)^2 = (-7)^2 = 49$
따라서 $(2 \blacklozenge 7) \diamond (3 \diamond 10) = 81 \diamond 49 = (81 - 49)^2 = 32^2 = (2^5)^2 = 2^{10}$

31 연속하는 세 짝수의 합이 366일 때 가장 큰 짝수를 a, 연속하는 두 정수의 합이 93일 때 작은 정수를 b라 할 때, $a - b$의 값은?

① 76

② 77

③ 78

④ 79

⑤ 80

정답해설 연속하는 세 짝수를 $a - 4$, $a - 2$, a라 하면
$(a - 4) + (a - 2) + a = 366$이 된다.
따라서 $3a - 6 = 366$, $3a = 372$, $a = 124$이다.
연속하는 두 정수를 b, $b + 1$이라 하면
$b + (b + 1) = 93$, $2b + 1 = 93$이 된다.
따라서 $2b = 92$, $b = 46$이다.
∴ $a - b = 124 - 46 = 78$

32 8%의 소금물 200g에 물을 추가하여 농도가 5%의 소금물을 만들려고 한다. 추가해야 하는 물의 양은 얼마인가?

① 120g

② 130g

③ 140g

④ 150g

⑤ 160g

정답해설 '소금의 양=소금물의 양×농도(%)'이므로

8%의 소금물 200g에 들어있는 소금의 양은 $200g \times \dfrac{8}{100} = 16g$

농도가 5%인 소금물을 만들기 위해 추가해야 하는 물의 양을 xg이라 하면

'농도=$\dfrac{\text{소금의 양}}{\text{소금물의 양}} \times 100$'이므로 $5 = \dfrac{16}{200+x} \times 100$

정리해보면 $5 = \dfrac{1600}{200+x}$, $5(200+x) = 1600$, $200+x = 320$

$\therefore x = 120g$

33 A씨가 혼자 작업하는 경우 9일, B씨가 혼자 하는 경우 12일이 걸리는 일이 있다. B씨가 먼저 4일간 작업을 시작하고 남은 일을 A씨가 완료한다고 할 때, A씨는 며칠 동안 일을 해야 완료할 수 있는가?

① 2일   ② 3일

③ 4일   ④ 5일

⑤ 6일

 전체 작업량을 1이라 하면, A씨가 하루 동안 하는 작업량은 $\frac{1}{9}$이고,

B씨가 하루 동안 하는 작업량은 $\frac{1}{12}$이다.

여기서 A씨가 일해야 하는 일수를 x일이라 하면

$1 = \frac{1}{9} \times x + \frac{1}{12} \times 4$이다.

양변에 9를 곱하면 $9 = x + 3$, $x = 6$

따라서 A씨는 6일 동안 일을 해야 완료할 수 있다.

34 현민이와 유민이는 걷기대회에 함께 참가했다. 현민이는 4.2km/h, 유민이는 3.5km/h의 속력으로 걷는다고 할 때, 현민이가 5시간 후 목표지점에 도착한 뒤 얼마 후에 유민이가 도착하는가?

① 30분 후
② 1시간 후
③ 1시간 30분 후
④ 2시간 후
⑤ 2시간 30분 후

- 현민이가 5시간 동안 걸은 거리 : $4.2 \times 5 = 21(\text{km})$
- 유민이가 출발점에서 21km 떨어진 목표지점에 도착하기까지 걸리는 시간 : $21 \div 3.5 = 6(\text{시간})$
∴ 현민이가 도착한 뒤 1시간 후에 유민이가 도착한다.

35 $320 \times 280\text{cm}$ 크기의 광고판에 가능한 큰 정사각형 모양의 광고물을 빈틈없이 붙이려고 할 때, 광고물의 한 변의 길이는 몇 cm인가?

① 40cm
② 50cm
③ 60cm
④ 70cm
⑤ 80cm

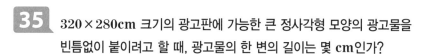
320과 280의 최대공약수를 구하면 된다.
$320 = 2^6 \times 5$
$280 = 2^3 \times 5 \times 7$
따라서 최대공약수는 $2^3 \times 5 = 40$

36

A에서 B까지는 30km/h로 20분간 가고, B에서 C까지는 15km/h로 15분간 갔을 때, 총 이동거리는 몇 km인가?

① 12.5km

② 13.75km

③ 15.25km

④ 16km

⑤ 17.25km

정답해설 $30 \times \dfrac{20}{60} + 15 \times \dfrac{15}{60} = 10 + 3.75 = 13.75$

∴ 13.75km

37 다음 문장을 순서에 맞게 배열한 것은?

민주주의 정치 체제는 시민이 스스로 다스리는 동시에 다스림을 받는다는 원리에 근거한다.

가. 이러한 대표의 정체성을 두고 대리자라는 견해와 수탁자라는 견해가 대립한다.

나. 오늘날 대부분의 민주국가는 대의 민주주의를 채택하고 있는데, 대의 민주주의에서는 시민들이 선출한 대표가 시민들의 요구에 따라 정책을 결정한다.

다. 대리자는 국민의 의사대로 정치를 해야 하는 존재이고, 수탁자는 대표 자신의 의사대로 정치 행위를 할 수 있는 존재이다.

라. 반면 고대 로마에서처럼 소수의 귀족 집단에서 대표를 선거로 뽑는 경우, 대표는 일반 국민과 동일한 정치 의사를 가진 존재가 아니며, 따라서 일반 국민의 정치 의사를 따를 필요가 없다.

마. 고대 아테네에서처럼 대표를 추첨으로 뽑는 경우, 대표는 일반 국민과 동일한 정치 의사를 가진 존재가 되고, 대표의 정치 의사는 자동적으로 국민의 정치 의사를 대변하게 된다.

① 나 – 가 – 다 – 라 – 마   ② 나 – 가 – 다 – 마 – 라
③ 나 – 다 – 가 – 마 – 라   ④ 다 – 마 – 라 – 나 – 가
⑤ 마 – 라 – 다 – 나 – 가

정답 해설

나. 오늘날의 민주주의가 채택한 정치 체제인 '대의 민주주의'에 대한 설명이다.

가. '이러한 대표'는 (나) 문장에서 언급한 시민들이 선출한 대표를 말한다.

다. 대표를 대리자로 보는 견해와 수탁자로 보는 견해에 대한 설명이다.

마. 고대 아테네에서의 대표는 국민의 정치 의사를 대변하는 '대리자'로서의 대표이다.

라. 고대 로마에서의 대표는 일반 국민의 정치 의사를 따를 필요가 없는 '수탁자'로서의 대표이다.

38 다음 제시문의 빈칸에 들어갈 내용으로 알맞은 것은?

과학자는 미래를 정확하게 내다볼 수 있는 마법의 구슬을 가지고 있을 것이라는 생각은 과학 자체만큼이나 역사가 오래되었다. 수학자 라플라스(Laplace)는 다음과 같이 말했다. "주어진 순간의 모든 입자들을 상세하게 기술할 수 있는 지적인 존재라면 정확하게 미래에 대한 예측을 할 수 있다. 그에게는 불확실한 것이란 있을 수 없다. 그리하여 미래는 과거와 똑같이 그의 눈앞에 펼쳐진다." 뉴턴이 남긴 많은 미해결 문제를 해결하여 뉴턴역학의 지위를 공고히 하는 데 크게 기여하였던 라플라스는 "뉴턴은 천재이기도 하지만 운도 무척 좋은 사람이다. 우주는 하나뿐이므로."라고 말하여 뉴턴에 대한 부러움과 뉴턴이론에 대한 확신을 표시하였다. 그에게 뉴턴이론은 자연의 비밀을 풀어줄 열쇠였다. 우주의 전 과정을 예측해 줄 열쇠를 손에 쥐고 있으므로, 미래를 예측하기 위해서 그에게 필요한 것은 주어진 순간의 모든 입자들의 위치와 운동량에 대한 완벽한 기술, 즉 초기 조건에 대한 완벽한 정보뿐이었다. 분명히 현대의 천문학자들은 하늘의 운행을 예측할 수 있게 되었다. 일식과 월식, 행성의 움직임, 별과 별자리의 운행 등을 100년 후까지도 예측할 수 있다. 반면, 물리학자들은 다른 쪽 탁구대로 넘어간 탁구공이 어디로 튈지조차 예언하지 못한다. (   ) 지구의 그림자가 달을 가리는 시간을 천문학자들은 정확하게 예측했지만 로스앤젤레스의 그리피스 공원 천문대에 모여든 수많은 관람객들은 그 장관을 볼 수 없었다. 하필 그 순간 남쪽에서 몰려온 구름이 달을 가렸기 때문이다.

① 탁구공에 비하면 일식은 더욱 예언하기 어렵다.
② 과학자들은 구름의 움직임도 정확히 예측하지 못한다.
③ 과학자는 결국 미래를 정확하게 내다볼 수 있는 마법의 구슬을 가지고 있지 않다.
④ 물리학자들이 정확하게 예측을 못하기도 한다는 사실은 최근 벌어진 사건에서 알 수 있다.
⑤ 따라서 물리학자들은 실제 문제를 이해하고, 데이터를 설명하는 이론을 만들어 내기 시작하였다.

정답해설 빈칸 앞의 문장에서 물리학자들은 탁구공이 튈 방향을 예언하지 못한다고 하였고, 빈칸 다음의 내용은 과학적 예측과 관련하여 예상하지 못한 변수에 대한 구체적 사례를 들고 있다. 따라서 빈칸에 가장 알맞은 내용은 ④이다.

39 다음 개요의 빈칸에 들어갈 문장으로 알맞은 것은?

서론 : 소비 생활의 일반화

    1. 모든 생활인의 소비 주체화

    2. 소비 생활과 관련한 정보 범람

    3. 일상 속에서 소비의 공간과 시간 증가

본론 : 1. 소비 현상에 나타난 현대인의 모습

      1) 부정적 모습 : 자아를 상실한 채 소비하는 모습

      2) 긍정적 모습 : 자아를 확립하여 소비하는 모습

    2. 소비에 다스림을 당하는 인격

      1) 충동적 소유욕으로 인해 소비 통제를 못하는 사람

      2) 허영적 과시욕으로 인해 소비 통제를 못하는 사람

    3. 소비를 다스리는 인격

      1) 생산성 향상을 위해 소비를 능동적으로 추구하는 사람

      2) 절약을 위해 소비를 적극적으로 억제하는 사람

결론 : (㉠   )

    1) (㉡   )

    2) (㉢   )

① ㉠ : 소비 억제와 과소비 추방, ㉡ : 미덕으로서의 검약과 절제, ㉢ : 미덕의 발휘

② ㉠ : 소비 습관의 교정, ㉡ : 습관은 곧 인격, ㉢ : 잘못된 소비 습관의 폐해

③ ㉠ : 소비 생활의 편의성 추구, ㉡ : 첨단 기술에 의존하는 소비 생활, ㉢ : 새로운 소비 행동과 인격이 요구됨

④ ㉠ : 주체성 있는 소비 철학 확립, ㉡ : 소비 생활 자체가 곧 인격, ㉢ : 소비 생활에 있어서의 건전한 인격 확립

⑤ ㉠ : 절약하는 소비 생활, ㉡ : 근검절약하는 생활 습관, ㉢ : 편리성을 추구하는 소비 지향

적인 소비 철학의 확립'이 결론에서 제시할 수 있는 주제어로 가장 어울린다. 또한 소비와 인격의 관계에 있어서는 소비에 지배되는 인격이 아니라 스스로 소비를 다스릴 수 있는 건전한 인격이 필요하다는 내용이 주제로 적합하다. 따라서 ④가 결론에 들어갈 내용으로 가장 적합하다.

40 화물열차가 일정한 속력으로 달려 **40m**인 기차역을 완전히 통과하는 데 **5초**가 걸리고, 길이가 **160m**인 터널을 완전히 지나는 데 **13초**가 걸린다고 한다. 이 화물열차의 길이를 구하면?

① 30m

② 35m

③ 40m

④ 45m

⑤ 50m

 속력 $= \dfrac{거리}{시간}$

화물열차가 일정한 속력으로 달린다고 하였으므로, 화물열차의 길이를 x라 하면

$\dfrac{40+x}{5} = \dfrac{160+x}{13}, \ 800+5x = 520+13x$

$\therefore x = 35(\text{m})$

41 원가가 **400**원인 공책이 있다. 이 공책을 정가의 **20%**를 할인해서 팔아도 **8%**의 이익을 남게 하기 위해서는 원가에 몇 **%**의 이익을 붙여 정가를 정해야 하는가?

① 35%　　　　　　② 37%

③ 42%　　　　　　④ 50%

⑤ 58%

정답해설 원가에 $x\%$ 이익을 붙여 정가를 정하면

정가 : $400(1+x)$

$400(1+x)(1-0.2)=400(1+0.08)$

$320+320x=432$

$320x=112$

$x=0.35$

따라서 원가에 35%의 이익을 붙여서 정가를 정해야 한다.

42 정희는 남걸이가 예금하고 있는 돈의 3배를 은행에 예금했다. 얼마 후 정희는 10,000원을 찾아 썼고 남걸이는 6,000원을 더 예금했더니 둘의 예금은 같게 되었다. 정희가 처음 예금한 금액은 얼마인가?

① 14,000원
② 18,000원
③ 24,000원
④ 30,000원
⑤ 35,000원

정답해설 처음 남걸이가 예금하고 있는 돈을 x라 하면
처음 정희가 예금하고 있는 돈은 $3x$
$3x-10,000=x+6,000$이므로 $x=8,000$(원)
∴ 정희의 처음 예금액은 $3 \times 8,000=24,000$(원)이다.

43 A사의 디지털 카메라 가격은 150만 원이다. 경원이는 카메라를 사기 위해 하루 6시간씩 아르바이트를 하였다. 아르바이트 시급이 8,000원일 때 경원이는 며칠 동안 아르바이트를 해야 하는가?

① 29일
② 30일
③ 31일
④ 32일
⑤ 33일

정답해설 경원이의 하루 아르바이트 일당 : $8,000 \times 6=48,000$(원)
경원이가 해야 하는 아르바이트의 총일수 : $1,500,000 \div 48,000=31.25$(일)
31.25일을 반올림해야 하므로 경원이는 32일 동안 아르바이트를 해야 한다.

44 자판기에서 수금한 동전의 총 개수가 257개이다. 50원짜리 동전은 10원짜리 동전보다 15개가 적고, 100원짜리 동전은 10원짜리 동전보다 22개가 많으며, 500원짜리 동전의 합계금액은 12,500원이다. 50원짜리 동전의 합계금액은?

① 1,000원   ② 2,000원
③ 3,000원   ④ 4,000원
⑤ 5,000원

10원짜리 동전의 개수를 x(개)라 할 때, 나머지 동전의 개수는 다음과 같다.

50원짜리 동전의 개수 : $x-15$(개)

100원짜리 동전의 개수 : $x+22$(개)

500원짜리 동전의 개수 : $12,500 \div 500 = 25$(개)

동전의 총 개수가 257개이므로, $257 = x + x - 15 + x + 22 + 25$가 된다.

∴ $x = 75$(개)

따라서 50원짜리 동전의 개수는 $75 - 15 = 60$(개)이며, 합계 금액은 $50 \times 60 = 3,000$(원)이다.

45 한 공장에 A, B 두 대의 기계가 있는데, A는 하루에 1,200개를, B는 하루에 1,500개를 생산한다. A의 불량률이 3%이고, B의 불량률은 4%라 할 때, 하루에 생산된 불량품이 B에서 나왔을 확률은 얼마인가?

① $\dfrac{5}{7}$

② $\dfrac{5}{8}$

③ $\dfrac{5}{9}$

④ $\dfrac{1}{2}$

⑤ $\dfrac{5}{11}$

 먼저 A, B의 기계에서 하루에 나오는 불량품의 개수를 계산해보면

A : $1,200 \times \dfrac{3}{100} = 36$개

B : $1,500 \times \dfrac{4}{100} = 60$개

따라서 하루에 생산된 불량품이 B에서 나왔을 확률은

$$\dfrac{60}{36+60} = \dfrac{60}{96} = \dfrac{5}{8}$$

46 7층 건물에 설치된 엘리베이터 안에는 A, B, C, D, E, F가 타고 있다. 엘리베이터가 1층에서 올라가기 시작하였는데, F는 A보다 늦게 내렸지만 D보다 빨리 내렸다. E는 B보다 한 층 더 가서 내렸고 D보다는 세 층 전에 내렸다. D가 마지막 7층에서 내린 것이 아니라고 할 때, 다음 중 홀수 층에서 내린 사람을 맞게 연결한 것은? (모두 다른 층에 살고 있으며, 1층에서 내린 사람은 없다.)

	3층	5층	7층
①	B	F	C
②	E	A	C
③	E	F	C
④	B	D	C
⑤	C	F	B

 F는 A보다 늦게 내렸고 D보다는 빨리 내렸으므로, 내린 순서는
'A – F – D'이다.
E는 B보다 한 층 더 가서 내렸고 D보다는 세 층 전에 내렸으므로,
'B – E – ( ) – ( ) – D'가 된다.
D가 마지막 7층에서 내린 것이 아니므로, C가 7층에 내린 것이 된다.
이를 종합하면, 2층부터 내린 순서는
'B(2층) – E(3층) – A(4층) – F(5층) – D(6층) – C(7층)'이 된다.
따라서 홀수 층에서 내린 사람은 'E(3층), F(5층), C(7층)'가 된다.

47 다음 글의 내용과 일치하지 <u>않는</u> 것은?

이미지를 생산 · 유포하는 기술의 급속한 발달은 우리가 이미지의 홍수에 휩쓸려 떠내려가고 있다는 느낌을 갖게 한다. 신문, 텔레비전, 컴퓨터 등을 통해 생산되고 전파되는 이미지들은 우리를 둘러싸고 있는 자연 환경과도 같이 우리 삶의 중요한 부분을 차지하고 있다.

시각적 이미지의 과도한 증식 현상과 맞물려 그에 대한 우려와 비판의 목소리도 한층 높아지고 있다. 그러한 비판의 내용은 시각 이미지의 물결이 우리의 지각을 마비시키고 주체의 성찰 기능을 앗아간다는 것이다. 시각 이미지는 바라보고 그 의미를 해독해야 할 대상으로 존재하는 것이 아니라, 우리를 자극하고 사라져 버릴 뿐이다. 더욱이 그렇게 스치고 지나가는 시각 이미지들이 현실을 덮어 버림으로써 우리의 현실감은 마비된다. 더 나아가 시공을 넘나드는 이미지의 초역사성으로 말미암아 우리의 역사 감각, 시간 의식의 작동도 불가능하게 된다.

이미지 범람 현상에 대한 또 다른 우려의 목소리도 있다. 현대의 인간이 누가 생산해 내는지도 모를 이미지를 단순히 수동적으로 소비함으로써, 그러한 이미지를 비판하면서 주체적으로 새로운 이미지를 꿈꿀 수 있는 기회를 빼앗기게 된다는 것이다. 더욱이 컴퓨터 그래픽 등 디지털 기술의 발달은 자유롭게 가상현실을 만들어 내는 것을 가능하게 하여 가상 현실과 실제 세계를 명확히 구분하지 못하게 한다. 이렇게 이미지에 이끌리는 인간의 삶은 결국 이미지를 통해 모든 것을 얻고, 수정하고, 모방 · 생산할 수 있다고 믿는 환상 속의 삶으로 전락하고 만다.

① 이미지의 초역사성은 인간의 현실감을 약화시키고, 더 나아가 우리의 역사 감각, 시간 의식의 작동도 불가능하게 한다.

② 이미지 과잉 현상의 문제는 이미지의 생산, 유포, 소멸과 관련되어 있다.

③ 발달된 이미지 생산 기술은 가상 세계를 실제 세계로 착각하게 할 위험이 있다.

④ 이미지를 생산하는 위치에 서지 않는 한 이미지의 범람에 효과적으로 대처할 수 없다.

⑤ 이미지의 과도한 범람은 이미지의 주체적 · 비판적 수용을 어렵게 한다.

정답해설 ④는 예문과 부합하지 않는다. 예문에 언급된, 이미지를 단순히 수동적으로 소비함으로써 주체적으로 새로운 이미지를 꿈꿀 수 있는 기회를 빼앗기게 된다는 것을, 이미지를 생산하는 위치에 서야 한다는 뜻으로 보기에는 무리가 있다.

48 〈보기〉의 설명 중 옳은 것을 모두 고르면?

구분	여성권한 척도 국가순위	여성권한 척도				1인당 GDP 국가순위
		국회의원 여성비율(%)	입법 및 행정관리직 여성비율(%)	전문기술직 여성비율(%)	남성대비 여성 추적 소득비	
한국	59	13.0	6	39	0.48	34
일본	43	9.3	10	46	0.46	13
미국	10	14.8	46	55	0.62	4
필리핀	46	15.4	58	62	0.59	103

보기

ㄱ. 4개 국가 중에서 1인당 GDP 국가순위가 가장 높은 국가가 여성권한척도 국가순위도 가장 높다.

ㄴ. 필리핀은 4개 국가 중 1인당 GDP 국가순위보다 여성권한척도 국가순위가 높은 유일한 국가이다.

ㄷ. 일본은 4개 국가 중 1인당 GDP 국가순위와 여성권한척도 국가순위의 차이가 가장 큰 국가이다.

ㄹ. 4개 국가 중 입법 및 행정관리직 여성비율, 전문기술직 여성비율이 가장 낮은 국가는 한국이다.

ㅁ. 한국은 4개국 중에서 남성대비 여성 추적소득비가 가장 낮다.

① ㄱ, ㄴ   ② ㄱ, ㄷ

③ ㄴ, ㄹ, ㅁ   ④ ㄱ, ㄴ, ㄹ

⑤ ㄴ, ㄷ, ㄹ, ㅁ

ㄱ. 미국은 4개 국가 중 1인당 GDP와 여성권한척도의 국가순위가 가장 높다. 대체로 1인당 GDP가
높을수록 여성권한척도 국가순위도 높음을 알 수 있다.
ㄴ. 필리핀은 1인당 GDP 국가순위는 103, 여성권한척도 국가순위는 46으로 4개 국가 중 1인당
GDP 국가순위보다 여성권한척도 국가순위가 높은 유일한 국가이다.
ㄹ. 4개 국가 중 입법 및 행정관리직 여성비율과 전문기술직 여성비율이 가장 낮은 국가는 한국이다.

49 다음은 한 회사 직원의 4년간의 연봉 인상률을 도표로 나타낸 것이다. A와 B의 평균 연봉 인상률을 구하면?

(단위 : 만 원)

구분	2015	2016	2017	2018
A	180	188	200	215
B	150	156	163	170

	A군	B군
①	19.44%	13.33%
②	18.32%	12.78%
③	6.48%	4.44%
④	6.11%	4.26%
⑤	6.56%	4.38%

 A군의 연봉 인상률은

$$\frac{(188-180)}{180} \times 100 + \frac{(200-188)}{188} \times 100 + \frac{(215-200)}{200} \times 100 ≒ 18.32\%$$이다.

따라서 연봉 평균 인상률은 '18.32÷3≒6.11%'가 된다.

B군의 연봉 인상률은

$$\frac{(156-150)}{150} \times 100 + \frac{(163-156)}{156} \times 100 + \frac{(170-163)}{163} \times 100 ≒ 12.78\%$$이다.

따라서 연봉 평균 인상률은 '12.78÷3≒4.26%'가 된다.

50 산업 재해를 예방하기 위해서는 사고의 원인이 되는 불안전한 행동과 불안전한 상태의 유형을 이해하고, 이들을 잘 분석하여 적절한 대책을 수립해야 한다. 다음에 제시된 산업 재해의 예방대책을 순서대로 바르게 나열한 것은?

㉠ 사고 조사, 안전 점검, 현장 분석, 작업자의 제안 및 여론조사, 관찰 및 보고서 연구 등을 통하여 사실을 발견한다.

㉡ 경영자는 안전 목표를 설정하고 안전 관리 책임자를 선정하며, 안전 계획을 수립하고, 이를 시행·감독해야 한다.

㉢ 안전에 대한 교육 및 훈련 실시, 안전시설과 장비의 결함 개선, 안전 감독 실시 등의 선정된 시정책을 적용한다.

㉣ 재해의 발생 장소, 재해 형태, 재해 정도, 관련 인원, 직원 감독의 적절성, 공구 및 장비의 상태 등을 통해 원인을 정확히 분석한다.

㉤ 원인 분석을 토대로 적절한 시정책, 즉 기술적 개선, 인사 조정 및 교체, 교육, 설득, 공학적 조치 등을 선정한다.

① ㉠ - ㉡ - ㉤ - ㉢ - ㉣
② ㉡ - ㉠ - ㉢ - ㉣ - ㉤
③ ㉡ - ㉠ - ㉣ - ㉤ - ㉢
④ ㉠ - ㉢ - ㉡ - ㉣ - ㉤
⑤ ㉡ - ㉢ - ㉤ - ㉣ - ㉠

정답해설 산업 재해의 예방 대책은 '안전 목표의 설정 및 관리 조직(㉡) – 사실의 발견(㉠) – 원인 분석(㉣) – 기술 공고화(㉤) – 시정책 적용 및 뒤처리(㉢)' 순서의 5단계로 이루어진다.

부록

01

공공기관

1 〉 공공 기관이란?

정부의 출연 · 출자 또는 정부의 재정지원 등으로 설립 · 운영되는 기관으로서 공공기관의 운영에 관한 법률 제4조 1항 각 호의 요건에 해당하여 기획부장관이 지정한 기관

2 〉 공공기관의 유형

① 공기업
  ⊙ 지원 정원이 50인 이상이고, 자체수입이 총수입액의 2분의 1 이상인 공공기관 중에서 기획재정 장관이 지정한 기관
  ⓛ 국가 또는 지방자치단체가 소유와 경영의 주체가 되어 재화나 용역을 공급하는 기업
    • **시장형 공기업** : 자산규모가 2조 원 이상이고, 총 수입액 중 자체수입이 85% 이상인 공기업으로 한국석유공사, 한국가스공사 등의 기관이다.
    • **준시장형 공기업** : 시장형 공기업이 아닌 공기업으로 한국관광공사, 한국방송광고공사 등의 기관이다.
② 준정부기관
  직원 정원이 50인 이상이고, 공기업이 아닌 공공기관 중에서 기획재정부장관이 지정한 기관
    • **기금관리형 준정부기관** : 국가재정법에 따라 기금을 관리하거나, 기금의 관리를 위탁받은 준정부기관으로써 서울올림픽기념국민체육진흥공단,

한국문화예술위원회 등의 기관이다.

• **위탁집행형 준정부기관** : 기금관리형 준정부기관이 아닌 준정부기관으로써 한국교육학술정보원, 한국과학창의재단 등의 기관이다.

③ **기타 공공기관**

공기업, 준정부기관이 아닌 공공기관으로 176개 기관이다.

유형 구분		공통 요건	지정 요건(원칙)
공기업	시장형	자체 수입비율 ≥ 50% 직원 정원 ≥ 50인	자체 수입비율 ≥ 85%인 기관 (& 자산 2조 원 이상)
	준시장형	자체 수입비율 ≥ 50% 직원 정원 ≥ 50인	자체 수입비율 50~85%
준정부기관	기금관리형	자체 수입비율 〈 50% 직원 정원 〈 50인	중앙정부 기금을 관리하는 기관
	위탁집행형	자체 수입비율 〈 50% 직원 정원 〈 50인	기금관리형이 아닌 준정부기관
기타 공공기관		공기업·준정부기관을 제외한 공공기관	

3 ≫ 공기업(공사·공단) 분류

① **공사**

공공성과 기업을 조화시킨 독립된 특수법인

• **정부투자기관(50% 이상)** : 조폐공사, 한국전력공사, 도로공사, 중소기업은행 등

• **정부출자기관(50% 미만)** : 가스공사, 감정원, 한국전력기술 공사 등

② **공단**

경제 또는 국가적 사회정책사업을 수행하기 위한 특수법인으로 한국산업인력공단, 교통안전공단, 국민연금공단 등이 있다.

4 〉 우리나라 공기업

시장형 공기업 (14)	• 지경부 – 한국가스공사, 한국석유공사, 한국전력공사, 한국지역난방공사, 한국중부발전(주), 한국수력원자력(주), 한국서부발전(주), 한국동서발전(주), 한국남부발전(주), 한국남동발전(주) • 국토부 – 인천국제공항공사, 한국공항공사, 부산항만공사, 인천항만공사
준시장형 공기업 (16)	• 재정부 – 한국조폐공사 • 문화부 – 한국관광공사 • 농식품부 – 한국마사회 • 지경부 – 한국광물자원공사, 대한석탄공사 • 국토부 – 대한주택보증주식회사, 제주국제자유도시개발센터, 한국감정원, 한국도로공사, 한국수자원공사, 한국토지주택공사, 한국철도공사, 여수광양항만공사, 울산항만공사, 해양환경관리공단 • 방통위 – 한국방송광고진흥공사
기금관리형 준정부기관 (17)	• 교과부 – 사립학교교직원연금공단(행안부) 공무원연금공단 • 문화부 – 영화진흥위원회, 서울올림픽기념국민체육진흥공단, 한국문화예술위원회, 한국언론진흥재단 • 지경부 – 한국무역보험공사, 한국방사성폐기물관리공단 • 복지부 – 국민연금공단 • 고용부 – 근로복지공단 • 금융위 – 한국자산관리공사, 기술신용보증기금, 신용보증기금.예금보험공사, 한국주택금융공사 • 방통위 – 한국방송통신전파진흥원 • 중기청 – 중소기업진흥공단
위탁집행형 준정부기관 (70)	• 교과부 – 한국교육학술정보원, 한국과학창의재단, 한국연구재단, 한국장학재단 • 행안부 – 한국승강기안전관리원, 한국정보화진흥원 • 문화부 – 국제방송교류재단, 한국콘텐츠진흥원 • 농식품부 – 한국농수산식품유통공사, 축산물품질평가원, 한국농어촌공사, 한국수산자원관리공단, 축산물위해요소중점관리기준원, 농림수산식품기술기획평가원, 농림수산식품교육문화정보원 • 복지부 – 건강보험심사평가원, 국민건강보험공단, 한국보건산업진흥원,한국노인인력개발원, 한국보건복지정보개발원, 한국보건복지인력개발원 • 환경부 – 국립공원관리공단, 한국환경공단, 한국환경산업기술원

위탁집행형
준정부기관
(70)
	• 고용부 – 한국고용정보원, 한국산업안전보건공단, 한국산업인력공단, 한
	  국장애인고용공단, 한국승강기안전기술원
	• 여가부 – 한국청소년상담복지개발원, 한국청소년활동진흥원
	• 국토부 – 교통안전공단, 한국건설교통기술평가원, 한국시설안전공단, 한
	  국철도시설공단, 대한지적공사, 선박안전기술공단, 한국해양수산연수원

위탁집행형 준정부기관 (70)	• 공정위 – 한국소비자원 • 금융위 – 한국예탁결제원, 한국거래소 • 방통위 – 한국인터넷진흥원 • 안전위 – 한국원자력안전기술원 • 보훈처 – 독립기념관, 한국보훈복지의료공단 • 산림청 – 한국임업진흥원 • 경찰청 – 도로교통공단 • 방재청– 한국소방산업기술원 • 농진청 – 농업기술실용화재단 • 중기청 – 중소기업기술정보진흥원, 소상공인진흥원 • 기상청 – 한국기상산업진흥원

기타
공공기관
(178)
	• 총리실 – 경제인문사회연구회, 과학기술정책연구원, 국토연구원, 대외경
	  제정책연구원, 산업연구원, 에너지경제연구원, 정보통신정책연구원, 통일
	  연구원, 한국개발연구원, 한국교육개발원, 한국교육과정평가원, 한국교통
	  연구원, 한국노동연구원, 한국농촌경제연구원, 한국법제연구원, 한국보건
	  사회연구원, 한국여성정책연구원, 한국조세연구원, 한국직업능력개발원,
	  한국청소년정책연구원, 한국해양수산개발원, 한국행정연구원, 한국형사정
	  책연구원, 한국환경정책평가연구원
	• 재정부 – 한국수출입은행, 한국투자공사
	• 교과부 – 강릉원주대학교치과병원, 강원대학교병원, 경북대학교병원, 경
	  상대학교병원, 동북아역사재단, 한국고전번역원, 부산대학교병원, 서울대
	  학교병원, 서울대학교치과병원, 전남대학교병원, 전북대학교병원, 제주대
	  학교병원, 충남대학교병원, 충북대학교병원, 한국사학진흥재단, 한국학중
	  앙연구원, 광주과학기술원, 기초기술연구회, 대구경북과학기술원, 한국과
	  학기술원, 한국과학기술정보연구원, 한국기초과학지원연구원, 한국생명공
	  학연구원, 한국천문연구원, 한국표준과학연구원, 한국한의학연구원, 한국
	  항공우주연구원, 한국과학기술연구원, 한국원자력연구원, 한국원자력의학
	  원, 국가평생교육진흥원, 부산대학교치과병원, 기초과학연구원
	• 외교부 – 한국국제협력단, 한국국제교류재단, 재외동포재단
	• 통일부 – 북한이탈주민지원재단, 남북교류협력지원협회

| 기타
공공기관
(178) | • 법무부 – 대한법률구조공단, 정부법무공단, 한국법무보호복지공단
• 국방부 – 전쟁기념사업회, 한국국방연구원
• 행안부 – 민주화운동기념사업회
• 문화부 – 한국문화예술회관연합회, 국립박물관문화재단, 국민생활체육회, 그랜드코리아레저(주), 대한장애인체육회, 영상물등급위원회, 예술의전당, (재)명동·정동극장, 한국출판문화산업진흥원, 한국문학번역원, 대한체육회, 한국문화관광연구원, 한국문화예술교육진흥원, 한국문화진흥주식회사, 한국영상자료원, 한국체육산업개발(주), (재)체육인재육성재단, 게임물등급위원회, 재단법인 국악방송, 태권도진흥재단, 한국저작권위원회, 한국공예디자인문화진흥원, (재)한국공연예술센터, (재)예술경영지원센터, 세종학당재단, (재)한국문화정보센터
• 농식품부 – 가축위생방역지원본부, 한국어촌어항협회, 국제식물검역인증원, 농업정책자금관리단
• 복지부 – 국립암센터, 대한적십자사, 한국보건의료인국가시험원, 한국장애인개발원, 한국국제보건의료재단, 한국사회복지협의회, 국립중앙의료원, 한국보육진흥원, 한국건강증진재단, 한국의료분쟁조정중재원, 한국보건의료연구원
• 환경부 – 수도권매립지관리공사
• 고용부 – 학교법인한국폴리텍, 노사발전재단, 한국기술교육대학교, 한국사회적기업진흥원, 한국잡월드, 건설근로자공제회
• 여가부 – 한국양성평등교육진흥원
• 국토부 – 코레일네트웍스(주), 코레일로지스(주), 코레일유통(주), 코레일테크(주), 코레일관광개발(주), (주)한국건설관리공사, 주택관리공단(주), 주식회사 인천항보안공사, 주식회사 부산항보안공사, 한국해양과학기술진흥원, 항로표지기술협회, 한국해양과학기술원
• 금융위 – 코스콤, 한국정책금융공사
• 국과위 – 한국과학기술기획평가원
• 안전위 – 한국원자력통제기술원
• 보훈처 – 88관광개발(주)
• 방사청 – 국방과학연구소, 국방기술품질원
• 문화재청 – 한국문화재보호재단
• 산림청 – 녹색사업단
• 중기청 – 시장경영진흥원, 신용보증재단중앙회, 중소기업유통센터, 한국벤처투자, 창업진흥원 |
| 기타
공공기관
(178) | • 특허청 – 한국발명진흥회, 한국특허정보원, (재)한국지식재산연구원, 한국지식재산보호협회
• 식약청 – 한국희귀의약품센터, 한국의약품안전관리원 |

02

인성검사

인성검사는 원만한 인간관계, 조직에의 적응, 정신질환의 유무, 정서적 안정의 정도를 파악하기 위해, 개인이 갖는 다양한 심리적 특성인 성격과 품성을 검사합니다.

1 〉 인성검사의 목적

그동안 우리나라의 인사선발제도는 인간성 자체가 아닌 학력·성적·경력에 치중하여 시행되어 왔다. 이로 인해 선발된 직원 중 일부는 직무수행 중 정서불안과 직업 부적응 등으로 갖가지 사고 및 사건의 원인이 되기도 하였다. 인성검사는 신입사원 선발 시 1차 전형 합격자에 한해 이를 시행하여 결함자를 제외하고 적정 인재를 적재적소에 배치하는 데 그 목적이 있다고 하겠다.

2 〉 인성검사의 유형

① **선택형** : 주어진 질문을 읽고 자신의 생각이나 성격의 알맞은 정도를 보기에서 선택하는 유형이다.

> 📖 다음 질문을 잘 읽고 자신의 생각과 일치하거나 자신을 잘 나타내는 것을 Ⓐ ~ Ⓔ중에 고르시오.

한번 실패해도 포기하지 않고 계속 시도하는 편이다.

그렇다	약간 그렇다	그저 그렇다	별로 그렇지 않다	그렇지 않다
Ⓐ	Ⓑ	Ⓒ	Ⓓ	Ⓔ

② **비교형** : 주어진 문장을 읽고 자신의 생각이나 성격을 잘 표현한 문구를 양자택일 유형이다.

> 📖 다음 질문을 잘 읽고 자신의 생각과 일치하거나 자신을 잘 나타내는 것을 A 또는 B중에 골라 O표 하시오.

A : 여러 사람과 조직적으로 행동하는 것을 좋아한다. ( )

B : 혼자서 자유롭게 행동하는 것을 좋아한다. ( )

3 》 MMPI와 MBTI

(1) MMPI 검사의 특징

세계적으로 시행되고 있는 다면적 성격검사의 하나로, 1차적으로는 정신질환이나 심리적 장애를 진단하며, 2차적으로는 수거자의 성격이나 방어기제를 평가한다. 4개의 타당도와 10개의 임상척도를 합쳐 총 14개의 척도로 구성되어 있다.

(2) MMPI 검사의 구성

① **타당성 척도** : 피검자의 왜곡된 검사태도를 탐지하고, 임상 척도의 해석을 풍부하게 해주는 보충 정보를 제공한다.

타당도 유형	측정내용
?(알 수 없다) 척도	• 무응답, 혹은 '예'와 '아니오' 모두에 대답한 개수를 확인한다. • 30개 이상이면 전체 검사자료는 타당하지 않다. • 실제로 답을 할 수 없는지 혹은 고의적인지 확인한다.
L(Lie) 척도	• 자신을 좋게 보이려는 다소 고의적이고 세련되지 못한 시도를 확인한다. • 높은 점수는 방어적 태도를 시사한다. • 너무 낮은 점수는 지나치게 솔직한 태도를 의미한다.
F(Infrequency) 척도	• 심리적 고통과 부적응의 정도를 나타내는 척도이다. • 높은 점수는 과장된 증상의 표현과 실질적인 장애를 의미한다. • 낮은 점수는 적응도가 높고 스트레스가 없음을 나타낸다.

K(Defensiveness) 척도	• 개인적 정보를 노출하지 않으려는 저항적 태도를 반영하는 척도이다. • L 척도보다는 은밀하고 세련된 방어를 나타낸다. • 높은 점수는 강한 정서적 독립성, 친밀감의 문제를 시사한다. • 낮은 점수는 솔직성, 의존성, 자신감의 부족을 시사한다.

② **임상척도** : 피검자의 비정상 행동의 종류를 측정하고, 성격진단을 통해 그 유형을 해결한다.

4 〉 MBTI(Myers-Briggs Type Indicator)

(1) MBTI 검사의 특징

융의 심리유형론을 근거로 하는 자기보고식 성격진단 또는 성격유형 검사이다. 개인이 쉽게 응답할 수 있는 자기보고 문항을 통해 각자가 인식하고 판단할 때 어떠한 영향을 미치는가를 파악하여 실생활에 응용한다. 성격유형은 모두 16개이며, 외향형과 내향형, 감각형과 직관형, 사고형과 감정형, 판단형과 인식형 등 4가지의 분리된 선호경향으로 구성된다.

(2) MBTI 검사의 구성

① **선호경향** : 교육이나 환경의 영향을 받기 이전에 이미 인간에게 잠재되어 있는 선천적 심리경향을 말한다.

선호지표	외향형(Extraversion)	내향형(Introversion)
설명	폭넓은 대인관계를 유지하며, 사교적이고 정열적이며 활동적이다.	깊이 있는 대인관계를 유지하며, 조용하고 신중하며 이해한 다음에 경험한다.

대표적 표현	• 자기외부에 주의집중 • 외부활동과 적극성 • 정열적, 활동적 • 말로 표현 • 경험한 다음에 이해 • 쉽게 알려짐	• 자기내부에 주의집중 • 내부활동과 집중력 • 조용하고 신중 • 글로 표현 • 이해한 다음에 경험 • 서서히 알려짐

선호지표	감각형(Sensing)	직관형(Intuition)
설명	오감에 의존하여 실제의 경험을 중시하며, 지금과 현재에 초점을 맞추고 정확·철저하게 일처리를 한다.	육감 내지 영감에 의존하며, 미래 지향적이고 가능성과 의미를 추구하며 신속·비약적으로 일처리를 한다.
대표적 표현	• 지금·현재에 초점 • 실제의 경험 • 정확·철저한 일처리 • 사실적 사건묘사 • 나무를 보려는 경향 • 가꾸고 추수함	• 미래 가능성에 초점 • 아이디어 • 신속·비약적인 일처리 • 비유·암시적 묘사 • 숲을 보려는 경향 • 씨뿌림

선호지표	사고형(Thinking)	감정형(Feeling)
설명	진실과 사실에 주 관심을 갖고 논리적이고 분석적이며, 객관적으로 판단한다.	사람과 관계에 주 관심을 갖고 상황적이며 정상을 참작한 설명을 한다.
대표적 표현	• 진실, 사실에 주 관심 • 원리와 원칙 • 논거, 분석적 • 맞다, 틀리다 • 규범, 기준 중시 • 지적 논평	• 사람, 관계에 주 관심 • 의미와 영향 • 상황적, 포괄적 • 좋다, 나쁘다 • 나에게 주는 의미 중시 • 우호적 협조

선호지표	판단형(Judging)	인식형(Perceiving)
설명	분명한 목적과 방향이 있으며 기한을 엄수하고 철저히 사전계획하고 체계적이다.	목적과 방향은 변화 가능하고 상황에 따라 일정이 달라지며 자율적이고 융통성이 있다.
대표적 표현	• 정리정돈과 계획 • 의지적 추진 • 신속한 결론 • 통제와 조정 • 분명한 목적의식과 방향감각 • 뚜렷한 기준과 자기의사	• 상황에 맞추는 개방성 • 이해로 수용 • 유유자적한 과정 • 융통과 적응 • 목적과 방향은 변화할 수 있다는 개방성 • 재량에 따라 처리될 수 있는 포용성

② **성격유형** : 4가지 선호지표를 조합하여 만들어진 16가지 성격유형 도표를 말한다.

성격유형	특징
ISTJ	• 신중하고 조용하며 집중력이 강하고 매사에 철저하다. • 구체적, 체계적, 사실적, 논리적, 현실적인 성격을 띠고 있으며, 신뢰할 만하다. • 만사를 체계적으로 조직화시키려고 하며 책임감이 강하다. • 성취해야 한다고 생각하는 일이면 주위의 시선에 아랑곳하지 않고 꾸준하고 건실하게 추진해 나간다.
ISFJ	• 조용하고 친근하고 책임감이 있으며 양심이 바르다. • 맡은 일에 헌신적이며 어떤 계획의 추진이나 집단에 안정감을 준다. • 매사에 철저하고 성실하고 정확하며, 기계분야에는 관심이 적다. • 필요하면 세세한 면까지도 잘 처리해 나간다. • 충실하고 동정심이 많고 타인의 감정에 민감하다.

INFJ	• 인내심이 많고 독창적이며, 필요하고 원하는 일이라면 끝까지 이루려고 한다. • 자기 일에 최선의 노력을 다한다. • 타인에게 말없이 영향력을 미치며, 양심이 바르고 다른 사람에게 따뜻한 관심을 가지고 있다. • 확고부동한 원리원칙을 중시하고, 공동선을 위하는 확신에 찬 신념을 가지고 있으므로, 사람들이 존경하며 따른다.
INTJ	• 대체로 독창적이며, 자기 아이디어나 목표를 달성하는 데 강한 추진력을 가지고 있다. • 관심을 끄는 일이라면 남의 도움이 있든 없든 이를 계획하고 추진해나가는 능력이 뛰어나다. • 회의적, 비판적, 독립적이고 확고부동하며 때로는 고집스러울 때도 많다. • 타인의 감정을 고려하고 타인의 의견에 귀를 기울이는 법을 배워야한다.

성격유형	특징
ISTP	• 차분한 방관자이다. • 조용하고 과묵하며, 절제된 호기심을 가지고 인생을 관찰하고 분석한다. • 때로는 예기치 않게 유머감각을 나타내기도 한다. • 대체로 인간관계에 관심이 없고, 기계가 어떻게 왜 작동하는지 흥미가 많다. • 논리적인 원칙에 따라 사실을 조직화하기를 좋아한다.
ISFP	• 말없이 다정하고 친절하고 민감하며 자기 능력을 뽐내지 않고 겸손하다. • 의견의 충돌을 피하고 자기 견해나 가치를 타인에게 강요하지 않는다. • 남 앞에 서서 주도해나가기보다 충실히 따르는 편이다. • 목표를 달성하기 위해 안달복달하지 않고 현재를 즐기기 때문에 일하는 데에도 여유가 있다.

INFP	• 정열적이고 충실하나 상대방을 잘 알기 전까지는 이를 드러내지 않는 편이다. • 학습, 아이디어, 언어, 자기 독립적인 일에 관심이 많다. • 어떻게 하든 이루어내기는 하지만 일을 지나치게 많이 벌이려는 경향이 있다. • 남에게 친근하기는 하지만, 많은 사람들을 동시에 만족시키려는 부담을 가지고 있다. • 물질적 소유나 물리적 환경에는 별 관심이 없다.
INTP	• 조용하고 과묵하다. • 특히 이론적·과학적 추구를 즐기며, 논리와 분석으로 문제를 해결하기를 좋아한다. • 주로 자기 아이디어에 관심이 많으나, 사람들의 모임이나 잡담에는 관심이 없다. • 관심의 종류가 뚜렷하므로 자기의 지적 호기심을 활용할 수 있는 분야에서 능력을 발휘할 수 있다.

성격유형	특징
ESTP	• 현실적인 문제해결에 능하다. • 근심이 없고 어떤 일이든 즐길 줄 안다. • 기계 다루는 일이나 운동을 좋아하고 친구 사귀기를 좋아한다. • 적응력이 강하고, 관용적이며, 보수적인 가치관을 가지고 있다. • 긴 설명을 싫어하며, 기계의 분해 또는 조립과 같은 실제적인 일을 다루는 데 능하다.
ESFP	• 사교적이고 태평스럽고 수용적이고 친절하며, 만사를 즐기는 형이기 때문에 다른 사람들로 하여금 일에 재미를 느끼게 한다. • 운동을 좋아하고 주위에서 벌어지는 일에 관심이 많아 끼어들기를 좋아한다. • 추상적인 이론보다는 구체적인 사실을 잘 기억하는 편이다. • 건전한 상식이나 사물 뿐 아니라 사람들을 대상으로 구체적인 능력이 요구되는 분야에서 능력을 발휘할 수 있다.

ENFP	• 따뜻하고 정열적이고 활기가 넘치며, 재능이 많고 상상력이 풍부하다. • 관심이 있는 일이라면 어떤 일이든지 척척 해낸다. • 어려운 일이라도 해결을 잘 하며 항상 남을 도와줄 태세를 갖추고 있다. • 자기 능력을 과시한 나머지 미리 준비하기보다 즉흥적으로 덤비는 경우가 많다. • 자기가 원하는 일이라면 어떠한 이유라도 갖다 붙이며 부단히 새로운 것을 찾아 나선다.
ENTP	• 민첩하고 독창적이고 안목이 넓으며 다방면에 재능이 많다. • 새로운 일을 시도하고 추진하려는 의욕이 넘치며, 새로운 문제나 복잡한 문제를 해결하는 능력이 뛰어나며 달변가이다. • 일상적이고 세부적인 면은 간과하기 쉽다. • 한 일에 관심을 가져도 부단히 새로운 것을 찾아나간다. • 자기가 원하는 일이면 논리적인 이유를 찾아내는 데 능하다.

성격유형	특징
ESTJ	• 구체적이고, 현실적이고 사실적이며, 기업 또는 기계에 재능을 타고난다. • 실용성이 없는 일에는 관심이 없으며 필요할 때 응용할 줄 안다. • 활동을 조직화하고 주도해 나가기를 좋아한다. • 타인의 감정이나 관점에 귀를 기울일 줄 알면 훌륭한 행정가가 될 수 있다.
ESFJ	• 마음이 따뜻하고, 이야기하기 좋아하고, 사람들에게 인기가 있고, 양심이 바르고, 남을 돕는 데에 타고난 기질이 있으며, 집단에서도 능동적인 구성원이다. • 조화를 중시하고 인화를 이루는 데 능하다. • 항상 남에게 잘 해주며, 격려나 칭찬을 들을 때 가장 신바람을 낸다. • 사람들에게 직접적이고 가시적인 영향을 줄 수 있는 일에 가장 관심이 많다.

ENFJ	• 주위에 민감하며 책임감이 강하다. • 다른 사람들의 생각이나 의견을 중히 여기고, 다른 사람들의 감정에 맞추어 일을 처리하려고 한다. • 편안하고 능란하게 계획을 내놓거나 집단을 이끌어 가는 능력이 있다. • 사교성이 풍부하고 인기 있고 동정심이 많다. • 남의 칭찬이나 비판에 지나치게 민감하게 반응한다.
ENTJ	• 열성이 많고 솔직하고 단호하고 통솔력이 있다. • 대중 연설과 같이 추리와 지적 담화가 요구되는 일이라면 어떤 것이든 능하다. • 보통 정보에 밝고 지식에 대한 관심과 욕구가 많다. • 때로는 실제의 자신보다 더 긍정적이거나 자신 있는 듯한 사람으로 비칠 때도 있다.

5 〉〉 LH공사 인성검사

⑴ LH공사 인성검사는 220문항가량에 30분 정도의 시간이 주어지며, 적/부 판정에만 활용이 된다. LH공사의 인성검사는 한국행동과학연구소의 인성검사(KPDI)를 활용하고 있다.

⑵ 검사유형 예시

번호	문 항	YES	NO
1	힘들고 어려운 일이라도 참고 견디면서 한다.		
2	기분이 상하는 일이 있더라도 화를 내지 않는다.		
3	자신의 능력을 자만하고 상대를 얕잡아 보는 편이다.		
4	남들보다 앞서기 위해 가끔 거짓말을 하는 경우가 있다.		
5	다른 사람이 나보다 잘되는 것을 보면 질투심이 생긴다.		
6	머리가 맑지 못하고 무거운 기분이 종종 든다.		
7	사건의 원인과 결과를 쉽게 파악하는 편이다.		

8	개인보다 팀으로 일하는 것이 더 효과적이라도 생각한다.		
9	남에게 주목받는 데 익숙하지 않다.		
10	모든 일을 처리할 때 검토에 가장 오랜 시간을 기울인다.		

03

면접

1 〉 면접이란?

일반적으로 서류심사, 필기시험, 적성검사 등을 실시한 후 최종적으로 지원자를 직접 대면해 인품 · 성격 · 언행 · 지식의 정도 등을 알아보는 구술 평가 또는 인물평가

2 〉 면접을 보는 이유

단순히 개인 신상에 대한 평가하는 것이 아니라 지원자의 기본적인 성향과 자라온 환경, 가치관, 관련 경험 등을 파악해 기업에 대한 열정, 가능성 등을 측정하기 위한 것이다.

3 〉 면접 시 주의사항

• **결론부터 말하기** : 부연 설명은 결론을 말한 다음 구체적으로 말한다.
• **올바른 경어의 사용** : 유행어는 피하며 존경어와 겸양어는 혼동하지 않는다.
• **명확한 태도** : 질문의 요지를 파악하고, '예, 아니오'를 명확히 표현한다.
• **미소** : 웃는 것은 좋지만 가벼워 보여서는 안된다. 표정관리를 해야 한다.
• **대답하는 방식** : 결론, 구체적인 예, 확인, 끝 정도의 방식을 정한다.
• **적당한 반론** : 납득이 되지 않는 것은 면접관의 기분을 상하지 않게 하는 태도로 차분히 반문한다.
• **최선을 다하기** : 대답을 잘 못했어도 포기하지 말고 최선을 다하면 상황이

좋아질 수 있다.

- **여유** : 즉흥적인 대사와 유머 등 긴장된 분위기를 푸는 여유 있는 태도가 필요하다.
- **잘못된 버릇 고치기** : 상대를 불쾌하게 만드는 행동은 주의한다.
- **확신, 긍정적 대답** : "~같습니다.", "~라고 생각됩니다." 보다는 "~입니다.", "~라고 믿습니다."와 같은 표현을 한다.
- **압박 면접 대비** : 압박면접에 대비하여 미리 대비한다.
- **첫 이미지** : 첫 이미지가 중요하기 때문에 충분히 판단하고 행동해야 한다.
- **대답 이후의 질문에 대비** : 대답을 할 때 돌아올 질문을 예상하면서 해야 이후 실수가 적다.

4 〉 면접 예상 질문

- 간단히 자기소개를 해보세요.
- 본인 성격의 장 · 단점을 말해보세요.
- 타인과 갈등이 생겼을 때 이를 어떻게 극복합니까?
- ○○회사에 지원하게 된 동기를 말해보세요.
- 이 자격증을 왜 땄는지 말해보세요.
- 본인이 이 회사에 입사 후 하고 싶은 일이나 이루고 싶은 것이 있으면 말해보세요.
- 만약 지방 또는 해외 근무지로 가야 한다면 어떻게 하시겠습니까?
- 이 회사의 전망에 대해 말해보세요.
- 마지막으로 하고 싶은 말이 있으면 해보세요.

5 〉 면접의 유형

① 집단면접

- **정의** : 다수의 면접관이 다수의 지원자를 한꺼번에 평가하는 방법으로, 여러 명을 동시에 비교, 관찰할 수 있고, 평가에 있어 객관성을 유지할 수 있다는 장점이 있다. 대기업의 경우 1차 면접과 임원면접 시 주로 사용한다.
- **주의사항** : 자기주장만을 내세우거나, 다른 사람이 말할 때 한 눈을 팔거나, 발언 기회를 놓이고 침묵을 지키는 것은 금물이다. 집단면접은 토론하는 것이 아니므로 다른 사람을 설득시키려고 자기 의견을 지나치게 주장할 필요는 없다. 또한 면접관 한 사람이 지원자들에게 동일한 질문을 하는 경우에는 비슷한 내용을 답해도 불이익은 없지만 집단에 묻히지 말고 개성 있는 답변을 해야 하며 자신의 의견을 명확하게 밝혀야 한다.

② 토론면접

- **정의** : 지원자 여러 명에게 특정 주제를 제시하고 지원자들끼리 서로 토론을 전개하는 과정을 면접관이 관찰, 평가하는 방법이다. 지원자들이 토론을 벌이는 동안 면접관은 지원자들의 행동, 협동성, 표현력, 적응력, 문제해결능력, 창의성, 의사소통능력 등을 종합적으로 평가한다.
- **주의사항** : 집단토론 시에는 누가 발표를 잘하는가도 중요하지만 상대방의 발표를 얼마나 잘 경청하느냐가 더욱 중요하다. 과제를 수행함에 있어서 자신의 과제뿐만 아니라 팀원을 돕고 리드하는 헌신형 인재가 높이 평가됨을 명심하며 참여하여야 한다.

③ 프레젠테이션면접

- **정의** : 특정 주제에 관한 지원자 개개인의 발표로 지원자의 능력을 평가하는데 목적이 있다. 프레젠테이션면접은 전공 및 실무능력을 파악하는데 중점을 두기 때문에 지원하는 분야와 관련된 기술적인 질문이 나올

수 있다.

- **주의사항** : 정확한 답이나 지식보다는 논리적 사고와 의사표현력이 중요 시되므로 어떻게 설명하는지에 초점을 두어야 한다. 지원 직무에 대한 전문지식을 쌓아두는 것이 유리하다. 자신의 발표 이후에도 다른 지원 자들의 발표를 경청하는 자세를 유지하는 것이 중요하다.

④ **합숙면접**

- **정의** : 합숙면접의 경우 일단 해당 기업의 버스를 타고 연구원으로 가서 모든 일정을 진행하는 것이 일반적이며 면접관과 지원자들이 함께 합숙 하면서 인재를 가려낸다. 지원자들이 집합하는 순간부터 점수에 반영되 지만 너무 의식하지 않는 것이 좋으며 지원자들끼리 서로 평가하는 경 우도 있으므로 원활한 관계를 유지하는 것이 좋다.

- **주의사항** : 합숙면접은 개인이 아닌 팀별로 과제를 수행한다. 자기주장 만 관철하려 들면 좋은 점수를 받기 어렵고, 면접관에게 자신이 적극적 으로 문제를 해결하는 성향의 인물임을 알리고 조직에 활력을 주는 인 재라는 이미지를 심어줄 수 있는 것이 중요하다. 과제가 주어지면 동료 들과 토의하면서 해결방안을 준비하는 지원자가 높은 점수를 받을 수 있다.